JOSÉ ANTONIO RAMOS
ITINERARIO DEL DESEO

Diario de amor

COLECCIÓN POLYMITA

EDICIONES UNIVERSAL, Miami, Florida, 2004

YARA GONZÁLEZ MONTES

MATÍAS MONTES-HUIDOBRO

JOSÉ ANTONIO RAMOS
ITINERARIO DEL DESEO

Diario de amor

...EDICIONES UNIVERSAL

Copyright © 2004 by Yara González Montes y Matías Montes-Huidobro

Primera edición, 2004

EDICIONES UNIVERSAL
P.O. Box 450353 (Shenandoah Station)
Miami, FL 33245-0353. USA
Tel: (305) 642-3234 Fax: (305) 642-7978
e-mail: ediciones@ediciones.com
http://www.ediciones.com

Library of Congress Catalog Card No.: 2004
I.S.B.N.: 1-59388-036-7

Diseño de cubierta y páginas interiores: Luis García Fresquet
Composición de textos: Nury A. Rodríguez
Foto de los autores en la contraportada: Mario García Joya
Pintura de la portada: *Desnudo en una butaca* de Pierre Auguste Renoir

Todos los derechos
son reservados. Ninguna parte de
este libro puede ser reproducida o transmitida
en ninguna forma o por ningún medio electrónico o mecánico,
incluyendo fotocopiadoras, grabadoras o sistemas computarizados,
sin el permiso por escrito del autor, excepto en el caso de
breves citas incorporadas en artículos críticos o en
revistas. Para obtener información diríjase a
Ediciones Universal.

ÍNDICE

Dedicatoria 7
Prólogo de Matías 9
Prólogo de Yara..13
Montaje 15
Fantasía de Eros 17
Las olas 18
La llama en el mar en las manos de Diós.....................19
Verano, treinta años después..21
Una sacudida del desgajamiento..................................22
Una puerta mal cerrada..23
Verano, treinta años antes 25
Situaciones insólitas 27
Ella 28
Él..30
El otro 31
Adaptación 35
Carta 36
Huir de Cuba..41
Unas mutaciones laberínticas 43
¿Sabes lo que has hecho? 45
Un hogar deshecho 48
Una protagonista que ya había escrito 50
¿Es amor y no otra cosa lo que a ti me atrae? 52
Tiempo real, tiempo escénico 54
Intermezzo 57
Carta 61
¡No, no! 73
Ceguera de amor 74
Spooning 76
Dicotomía pictórica 78
Subconsciente de la huida..79
Lo que no se dijo 81

El arte de amar 84
Aquella tarde antes 86
Un mar glauco en la carretera central....................87
El concepto del superhombre 89
Entre la plétora y el derrumbe 90
El próximo paso 92
La escalera de incendios 93
Los otros 94
En el fondo de los baúles 95
Carta 98
Un Ibsen de carne y hueso 105
Una actitud disyuntiva 109
Unidad indisoluble e intercambio de roles 111
La primera mañana de una nueva vida 114
«Une maison dresée au coeur» 115
De cara al sol..119
Palabras en soledad..121
Paisaje de Eros 124
Perfiles del silencio..127
Notas Bio-bibliográficas 131

para José Antonio y Josefina

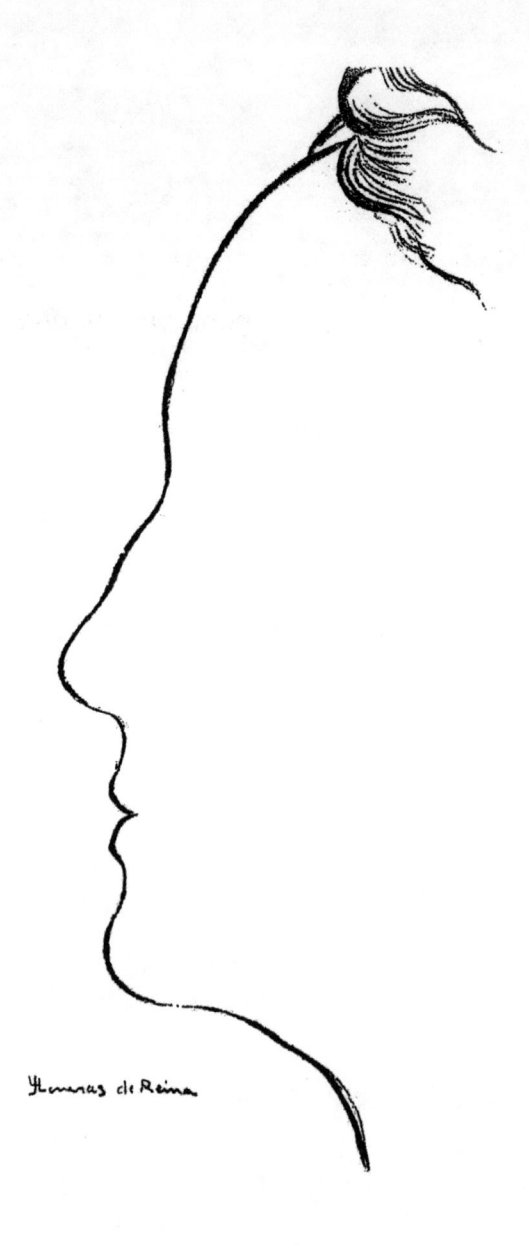

Perfil de Josefina de Cepeda.
Dibujo de Lloveras de Reina publicado en *La Llama en el mar*, 1954

PRÓLOGO DE MATÍAS

Siempre he estado bastante renuente a meterme en la vida privada de los escritores, aferrado perennemente al texto creador como sujeto de análisis. Las razones las he expuesto en otras ocasiones. Los datos sobre la vida de un escritor son hechos concretos que dicen poco: nació aquí, fue de aquí para allá y murió en alguna parte. ¿Conocer? Bueno, exactamente, nadie conoce a nadie: la palabra conocer es un oximorón. Sin contar que en este caso no he podido evitar la tentación de hacer un montaje intertextual entre la ficción y la realidad donde tomo el texto como punto de partida. Los pensamientos, las emociones, las sensaciones, los deseos que hay más allá de toda información biográfica (que no es más que la superficie de una vida) no pasan de ser hipótesis dudosas, porque nadie sabe lo que una persona es por dentro. Como material especulativo me parece válido y principalmente entretenido, con la posibilidad de que alguna conclusión se acerque a la verdad del sujeto de estudio.

Pocas veces me he aproximado al escritor biográficamente, dejándome llevar por ello, en particular, en el caso de Angel Ganivet, porque los datos externos de su vida siempre me han fascinado, tratando de establecer una correlación entre ellos y su ficción, aunque partiendo del texto y no de la biografía: la vida de Ganivet es más bien una novela en sí misma que yo veo como una película que me hubiera gustado llevar al cine. Algo de esto me ha pasado con Larra y particularmente con Martí. Pero en general, la larga galería de escritores cuyas obras he estudiado (Unamuno, Baroja, Azorín, Valera, Galdós, Pardo Bazán, Clarín, Pereda, Cela, Alarcón, para limitarme a la literatura española) han sido textos y sólo criaturas de carne y hueso en la medida del texto: en fin, primero fue el Verbo. Escritores como Cervantes y Galdós, que son dos casos muy representativos, no necesitan de su vida porque están sus personajes. El texto es más importante que el escritor y cuando no es así esto va en detrimento del segundo.

Además, siempre he tenido el mayor respeto por la privacidad del escritor (y la de todo el mundo); pero naturalmente, desde el momento que un texto se hace público ya no es del escritor, sino del público que lo lee. Claro que hay escritores sensacionalistas cuya fama descansa en hacer pública sus intimidades, particularmente si lo que da a conocer se refiere a lo que hacen en la cama o a delaciones de lo que otros han hecho. A mí esto siempre me ha parecido de bastante mal gusto. Pase de sobremesa, como tertulia, para referirse a la conducta privada, de puterías a mariconerías naturalmente, porque la rutina de una relación conyugal de un matrimonio bien llevado no le interesa a nadie. A la gente le interesa «lo prohibido», lo que está mal hecho. Generalmente esto anima la conversación; pero llevarlo más allá resulta verdaderamente una conducta impropia. Lo que dos (o más de dos) «consenting adults» hacen en una cama (o en cualquier otro espacio) es cosa de ellos, y esto no lo digo para hacerme el interesante.

En parte tiene que ser así porque el lector es un «vouyerista» del texto. Yo he tenido la mala costumbre de escribir varias de mis novelas en primera persona, porque me han salido así, y cuando esto ocurre la gente considera que nos encontramos ante una narración autobiográfica. Claro, la culpa ha sido mía. Pero piénsese en cuántas novelas escritas en tercera persona podrían ser autobiográficas con cambiarla a la primera. En todo caso, en **Desterrados al fuego** hay muchos elementos autobiográficos (aunque sólo yo sé cuáles son) y otros no, y no me hace ninguna gracia que se consideren autobiográficos algunos de ellos que no son de tal naturaleza. Pero a lo mejor estoy mintiendo.

Estos son, en definitiva, gajes del oficio, que pueden volverse realmente conflictivos. Ver el caso, por ejemplo, de mi novela **Esa fuente de dolor**. Yara, que es y será siempre la protagonista (para bien y para mal) de todas mis obras, transformada naturalmente dentro de los términos de la caracterización; es decir, la «modelo» que posa para el pintor y que sirve para la estructuración y desmembramiento también del eterno femenino: aplica el concepto autobiográfico a su modo y manera, reconociéndose y desconociéndose en lo que no es y en lo que es. Esto me resulta particularmente irritante cuando cruza la calle en «La esquina del pecado», donde se niega a verse como yo la veía prefiriendo verse en Esperancita Portuondo, que es una chica inestable que bien poco se le parece, que también es en algunos momentos pero en muy pocos. Como Yara y yo hemos estado casados por medio siglo, el papel de la amante de Lázaro no le viene bien, incluyendo la escena del lingerie (que fui yo quien se lo regalé) y también, cuando estamos al borde del precipicio (justo es decirlo) en una playa al fondo de nuestra casa en Honolulú donde se filmó *From Here to Eternity*. Y no le falta razón, porque en la escena del lingerie realmente no es ella, sino Elizabeth Taylor, y el que sube las escaleras soy yo haciendo de Montgomery Clift. Y esta es la verdad, aunque pudiera no serlo, ya que el escritor tiene la función de despistar a sus lectores.

Esto lo cuento para que el lector comprenda lo difícil que es descubrir al autor dentro del texto, porque en esto consiste el eterno creador. Si Yara no puede reconocerse cuando es, y hemos vivido juntos por medio siglo, dudo mucho que nadie me reconozca. Cuando más puede que reconozcan las motivaciones de mis personajes.

Valga todo esto con motivo de la publicación de estas páginas del *Diario* de José Antonio Ramos y mi pretensión de «conocerlo». Obviamente no puedo lograrlo y partiendo del texto no puedo más que dar a conocer una peregrina hipótesis.

No me faltan escrúpulos por darlo a la publicidad, porque, ¿por qué escribió su *Diario*? ¿Para qué se escribe un diario? Quizás sea una catarsis, pero no voy a investigar esta teoría. ¿Lo escribió para sí o lo escribió para que lo leyeran? Naturalmente, no lo escribió para que yo, por muy admirador que sea de su obra, lo publicara. Tampoco sé si esto fue exactamente el objetivo de Josefina de Cepeda cuando nos mandó estas páginas y nos dio el privilegio de que fuéramos sus destinatarios. De ahí que lo que primero era de Ramos pasó a ser de Josefina por vínculos matrimoniales, y después nuestro por deseo explícito de su propietaria.

Por otra parte han pasado muchos años y tanto José Antonio Ramos como Josefina de Cepeda son parte de la historia literaria cubana, de nuestra herencia cultural, y en última instancia el **Diario** de un escritor, por muy íntimo que sea, se vuelve de todos los demás. Además, tenemos la obligación de publicarlo porque estas páginas dan una perspectiva inusitada de uno de nuestros escritores más circunspectos, como si de pronto se convirtiera en una criatura de carne y hueso, un romántico del deseo, que finalmente vamos a conocer en sus momentos más íntimos. Quizás esto haya determinado mi propia falta de circunspección al escribir este prólogo. (MMH)

PRÓLOGO DE YARA

Intercalado al «montaje intertextual» que hace Matías basándose en el **Diario** de José Antonio Ramos y en su dramaturgia, que él conoce al dedillo, van a encontrar Uds. mis comentarios fundamentados también en el **Diario** de Ramos, en las disquisiciones de Matías, (en ocasiones, a modo de contrapunto), y en la poesía de Josefina de Cepeda.

Estas páginas del **Diario**, que ella nos envió, nos han acompañado durante muchos años. A pesar de la amistad que nos unió a Josefina, siempre he considerado la situación de los dos personajes femeninos que tomaron parte en el drama real de la vida de Ramos: la esposa, que es aquí una voz silenciada, ausencia cuya presencia se impone por muchos y variados motivos, y Josefina de Cepeda de la que él, a los cincuenta y dos años, se enamora locamente. Con su primera esposa Ramos convive cerca de treinta años; con Josefina, ocho. Mi mente no me permite disociarlas. Ambas me ofrecen mentalmente el complemento indispensable de la totalidad del hombre que fue Ramos y del difícil momento de su vida al que vamos a referirnos: la encrucijada donde un pasado parece extinguirse y un futuro aún incierto va a comenzar.

He fijado mi atención en el espacio vital en que Ramos se desenvuelve y en el que se encierra el latido lírico de Josefina de Cepeda porque como ha señalado Gastón Bachelard, en las imágenes de intimidad del espacio que nos rodea nos enfrentamos con la poética del lugar que moramos, que es la prolongación de nuestro ser, hábil instrumento de análisis del alma humana. Teresa de Cepeda, cuyo apellido aunque idéntico al de nuestra protagonista no implica parentesco alguno en este caso, Santa Teresa, como decía, concibe **Las moradas**, para describirnos el camino a seguir para llegar al meollo del alma. Poetas más cercanos a nosotros, Rilke, Eluard, Baudelaire, Juan Ramón Jiménez, Machado, Salinas, Guillén, Lorca, por citar a unos pocos, bajaron por este sendero a las profundidades del ser.

A través de los múltiples ámbitos en que habitaron y se expresaron José Antonio y Josefina me acerco a ellos, tratando de dejar en estas páginas mis impresiones personales sobre esta historia de amor, procurando no agregar ni quitar nada de ella, para que Uds. la perciban lo más cercana posible a como fue sentida en la intimidad de estos seres que vivían en el vórtice de una intensa sacudida emocional (YGM).

MONTAJE

Quede por aclarar el «montaje» de este libro, del que soy responsable.

El «Diario» de Ramos aparece en letra cursiva y en negrita, como escribo esta oración. Se incluyen, además, fotocopias del original.

En cursiva, pero no en negrita, fragmento de una carta de Josefina.

Los textos de Yara aparecen como hago en la oración que ahora escribo, con sus iniciales entre paréntesis al final de sus comentarios (YM).

Los míos con la letra que he utilizado en el prólogo y las iniciales que lo cierran (MMH).

José Antonio Ramos. Dibujo a lápiz por Gilberto Crespo.

FANTASÍA DE EROS

Leo el ***Diario*** de Ramos como quien lee una novela. No deja de conmoverme ver estas páginas de su puño y letra en un largo recorrido de 1937 al 2003 para que las lea yo a la medianoche aunque no fuera su destinatario, pero soy yo quién ahora las lee. Josefina de Cepeda, con la que se casó en segundas nupcias en 1938, poeta cubana, («Ella» como si no hubiera otra, la «Libertadora» y «Lysis» querida de su diario) hizo llegar a nuestras manos (las de Yara y las mías) algunas páginas donde se va desarrollando su pasión amatoria bajo una sacudida de Eros. El romanticismo y el deseo se van a entremezclar en un desarrollo de la acción que no encontramos en casi ninguno de sus textos, quizás en alguno, escondido, casi entre líneas. De pronto, un hombre de carne y hueso, romántico, apasionado, asediado por el deseo, emerge detrás de la figura circunspecta del intelectual y del bibliógrafo. (MMH)

LAS OLAS

Enfrentarse a la intimidad del hombre que fue José Antonio Ramos me produce un profundo estremecimiento interior. Pocas veces en la vida podemos llegar a ser testigos de una pasión tan arrolladora como la que vamos a ver desarrollarse en estas breves páginas. Escribiendo estas líneas, leyendo este **Diario**, vienen a mi memoria las palabras que Virginia Woolf pone en boca de Bernard, uno de los personajes de su novela **Las olas** cuando dice: «Para hacerte entender, para darte mi vida, debo contarte una historia –y hay tantas y tantas– y ninguna de ellas es verdad». Sin embargo, en este caso la identidad entre el proceso de creación de esta escritura y la criatura que la vive es la misma. La historia que se encierra en esta caligrafía nerviosa y apasionada, angustiosa a veces, a ratos dubitativa, plena y llena de felicidad en ocasiones; escrita por la mano de uno de los intelectuales más serios, uno de los escritores más prolíferos con que contó la República, es su propia vida. Este hombre, de obra creadora extensísima, que creía firmemente en la posibilidad de trabajar por el bienestar de nuestra nación combatiendo eficazmente «las impurezas de la realidad», que trabajó intensa y perseverantemente en la clasificación de los libros existentes en la Biblioteca Nacional, logrando allí lo que parecía imposible, nos permite conocer de cerca un momento crucial de su existencia. En estas páginas, Ramos se desnuda totalmente y nos permite contemplarlo muy de cerca en el espacio de unas pocas páginas. Sus palabras forman un territorio emocional íntimo, poblado por él mismo, su mujer, su hijo y Josefina. La intensidad emocional de esta narración es sobrecogedora por la hondura, la sinceridad y la pasión que en ella se encierra. Es también conmovedor pensar en el gesto de Josefina de enviarnos a nosotros estas páginas tan queridas, porque eso me da la medida del cariño que la unía a nosotros y de lo que llegamos a significar para ella. (YGM)

LA LLAMA EN EL MAR EN LAS MANOS DE DIÓS

Josefina: 25 de julio de 1967, carta, fragmentos

He consumido dos hojas de papel en una relación de los últimos acontecimientos de mi vida, bien poco interesantes, por cierto desde un punto de vista externo. He tratado con ello de hacerles comprender que estoy tranquila, que no sufro por no poderme ir, que no me pesa nada lo que ha sucedido últimamente y que considero el remate o tope de una época de mi vida, que dará paso a una etapa completamente diferente, o por lo menos, más evolucionada.

No negaré que hay pesadumbre en mi alma si contemplo la circunstancia de un alejamiento físico definitivo tanto de Uds. como de mi querida madrina y primas. Que tengo amigos otros, del lado de allá, cuya amistad siento se haya interrumpido por la ausencia y, para los cuales hay cierto desgarramiento de ilusiones al no volvernos a ver.

Sufro, también, contemplando el panorama del lado de acá. Nuestro país tiene un dogal al cuello que se estrecha cada vez más. Yo misma no sé cómo resolver mi parte en esta circunstancia colectiva. De modo que espero con más firmeza que nunca en el Señor y sé que El puede, inclusive, desintegrarme en cualquier momento y reconstruirme en otra parte, donde El me necesitare. Pero si he de permanecer aquí también será por su voluntad. En esto quiero que se sientan absolutamente seguros que no hablo hipotéticamente, ni me dejo llevar por la fantasía. En este terreno no caben sugestiones ni influencias de ninguna clase. Se cree o no se cree. Aún más; les recomiendo abrir un hueco en vuestro tiempo y en vuestra atención al momento contemplativo espiritual. Busquen en Dios, marchen hacia Él con entera fe y confianza y Él les responderá. Yo recito en mis momentos de angustia estas palabras entresacadas por uno de nuestros sacerdotes, para un bre-

19

viario: PONGO MI MANO ENTU MANO CON AMOR, SEGURIDAD Y CONFIANZA PORQUE TÚ ERES REALMENTE MI SEÑOR. Otras veces, cuando la angustia es mucha, visualizo a Cristo nuestro Señor, de tamaño inmenso, bañado de una luz que circunda su figura y baña el universo. Entonces como si fuera un suave manto levanto esa luz, penetro debajo de ella, me acuesto y le digo: ¡Ampárame! Permanezco así hasta que llega la paz.

Sin embargo, a veces, llega un impacto del exterior, se aprovecha de las puertas que hemos dejado mal cerradas, y resultamos impotentes e indefensos para lo que suele ser una tontería agigantada...

VERANO, TREINTA AÑOS DESPUÉS

El *Diario* de Ramos nos llega acompañado de una carta de Josefina, en la que deja constancia de la desolación de un verano, el de 1967, bien diferente al de las páginas del *Diario*, 1937. En ella Josefina ha dejado de ser lo que había sido treinta años atrás, la del *Diario*, e inclusive la que nosotros conocimos, todavía una llama en el mar, en 1954. Las circunstancias de su vida habían cambiado mucho, como las que estaba pasando Cuba. Esa situación sicológica y colectiva se pone de manifiesto en el primer fragmento que transcribimos, donde se percibe una discordia entre los cubanos mucho más radical que las rencillas entre los intelectuales de su época a las que Ramos va a hacer referencia, que comparadas con las que vendrán después serán de menor monta. La profunda fe en Dios de Josefina contrasta con su liberalismo amatorio, que evoca la tradición de Gertrudis Gómez de Avellaneda en sus altibajos eróticos y místicos. Hay en sus líneas mucho de la tristeza de Cuba, con la conciencia del «dogal al cuello» expresado por una poeta que busca por los caminos de la metafísica una salida del callejón sin salida en el que se encuentra a niveles sicológicos y de la conciencia colectiva. Deja constancia también de la desolación que representa vivir en Cuba, ya desde la década de los sesenta, con la separación de familiares y amigos: el «desgarramiento de las ilusiones al no volvernos a ver» en una despedida que en aquel tiempo, década de los sesenta, era para no volver. Se sostiene ahora, la Josefina que Ramos no conoció, en una fe metafísica de la desintegración y reintegración de «la llama en el mar», ahora «en las manos de Dios», en una especie de teosofía del cosmos, evolución trascendente de su personalidad. (MMH)

UNA SACUDIDA DEL DESGAJAMIENTO

No se podrá borrar más nunca de nuestra historia patria el testimonio doloroso de cada uno de los cubanos que hemos vivido esta tremenda sacudida del desgajamiento. Nuestra mutilada unidad ha formado dos mitades que nunca dejan de mirarse una a la otra, la de los que se fueron, los que están «*del lado de allá*», y la de los que se quedaron, los situados «*del lado de acá*», expresiones tomadas de la carta que nos escribe Josefina.. Exilio exterior e interior, marcados ambos por la angustia y el sufrimiento. En medio de esa situación ella quiere conservar para la posteridad la palabra del ser querido, ese momento de amor intenso que los unió, salvarla de la circunstancia adversa en que vive, «*yo misma no sé como resolver mi parte en esta circunstancia,*» y nos envía las preciosas páginas donde ella y él palpitan en sus propias palabras, donde viven todavía trascendiendo el tiempo y la distancia. (YGM)

UNA PUERTA MAL CERRADA

Josefina: 25 de julio de 1967, carta, fragmentos, continuación

Días pasados estuvo por casa Pablo Armando Fernández. Pidió a unos vecinos mi teléfono y al día siguiente me llamó y estuvo a visitarme con Rine Leal. El asunto ya se lo pueden suponer: los papeles de José Antonio. Me mortifica un poco lo sanfansónicos que son estos muchachos con cosas de tanta responsabilidad. Se trata de presentar al mundo entero la figura de J.A. desde un boletín especial de la UNESCO que va a ser editado, a todo tren, sin escatimar tamaño. El proyecto data de hace cuatro años. No sé quien fue el primero que lo tuvo en sus manos. Después lo ambicionaron Augier, Parajón, Arrufat, el propio Retamar, etc. Todos ellos o casi todos me han ido llamando indistintamente. Nunca me dijeron la verdadera finalidad. Buscaban el diario, yo les invitaba a venir a leerlo y entonces desistían. A través de ese tiempo el proyecto ha dormido. Pablo Armando recibe del primero que pensó en esto de la UNESCO, el poco material recogido, consistente en una docena o más de cosas no todas fundamentales ni importantes, dispersas por aquí y por allá, y sólo a cinco o seis días de la fecha para entregar el material, este joven intensifica mi búsqueda y da conmigo. Búsqueda pasiva y curiosa, pues a todas las personas que llamó las trato, y me telefonean de cuando en cuando... Bueno, la cuestión es que llegó y como yo hice copiar, recientemente, todo el Diario, pues se lo ofrecí a leer, para que por lo menos JA. se homenajee a sí mismo y quede bien.

No conozco nada de Pablo Armando. Espero que dé la talla. Y que la lectura del propio J.A. y mi devoción en cuidar de su archivo lo estimulen a un estudio sincero y entusiasta. Ya yo le dije que justamente después de haber hecho copiar el Diario yo pen-

saba escribir una serie de artículos; pero que eso siempre lo haría con pesar, pues mi deseo y el de J. A. era que la juventud de su país, algún joven representativo o varios asumieran esta labor. Siempre, desde que él murió, me negué a mí misma las alabanzas y las condolencias de los grupitos íntimos y familiares como en el caso de Catá y otros. No, la peregrinación a la tumba, el discurso y las flores, eso no es para J.A. En los años anteriores a la Revolución no vislumbré nada; pero llegado ese momento emergieron ustedes, ese magnífico grupo del que forman parte Uds. y los que he mencionado más arriba. Me gustaría pues que este muchacho se aplicara a la obra. Yo seguiré la obra de copiar o hacer copiar todo lo inédito del manuscrito, a fin de gestionar la publicación del diario. Tan pronto lo vea en letra de molde lo donaré o venderé todo a la Biblioteca. (Si lo vendo es por Héctor, el hijo de J.A. a quien le vendría bien este dinerito).

Esta primera visita de P.A. duró unas dos horas. Hablamos de todo, incluyendo de los ausentes y se interesaron por Uds. Les dije que, por supuesto, que todo marcha bien, que tienen una magnífica posición y que recién has publicado un libro de cuentos. Les sacudió en sus asientos esta última noticia. Rine parecía interesado en saber si por fin llegó a tus manos (Matías) un ejemplar del libro donde recopiló obras en un acto e incluyó una tuya...

(Carta de Josefina)

VERANO, TREINTA AÑOS ANTES

En el proceso de esta correspondencia irregular, Josefina nos hace llegar algunas páginas íntimas del ***Diario*** que arranca con sus propias manos del resto, y lo adjunta a su carta, gesto evidente en el que muestra su deseo de que estas páginas no corrieran el mismo camino que las otras. No sabemos lo que pasó con el resto del ***Diario***, pero todo parece indicar que el proyecto de publicación que trataron con Josefina de Cepeda no llegó a ninguna parte. Desconocemos también cuáles fueron exactamente sus motivaciones, pero ahora, al cabo de tantos años cuando ya todo es historia, nos decidimos a publicarlo en su totalidad, ya que yo lo había dado a conocer parcialmente en «José Antonio Ramos: Viñeta a dos voces (1985-1946)», en un número dedicado a Cuba que publicó la Revista Iberoamericana en Julio-Diciembre de 1990.

Las páginas del ***Diario*** cubren un breve período del 2 y 4 de julio al 2 de septiembre del 1937, apenas dos meses, pero va a ser el verano de «la llama en el mar» de Ramos, donde parece estar devorado por deseos sexuales y sentimientos de culpa, desasosiegos intensos, que se traslucen en el ***Diario*** como las páginas de una novela, que es como personalmente quiero aproximarme a ellas. Como ya dije, siempre he pasado sobre ascuas sobre las biografías de los escritores y cuando enseñaba ciertas obras en mis clases universitarias, casi me zambullía de inmediato en el texto, comprendo que para decepción de mis estudiantes que siempre querían saber esto y aquello sobre la vida del autor. Sin contar que hasta me parecía impropio ponerme a hablar sobre la existencia privada de los mismos basándome casi siempre en la documentación dudosa de unos investigadores que tomaban el dato (en muchos casos sin la menor importancia) y lo interpretaban subjetivamente. Lo que pasa es que un diario es un texto.

A mí, realmente, siempre me ha parecido que sabemos tanto o más del escritor a través de sus personajes que siguiendo los datos de la biografía donde la fecha de nacimiento y de la muerte son los hechos más específicos y radicales. Sé que me repito, pero quiero insistir en este punto. No quiero decir que el texto nos permita conocerlos, porque todo es hipótesis de ficción; pero ciertamente la biografía ofrece todavía un conocimiento más reducido, salvo excepción. Como decía Bernarda Alba, «cada uno sabe lo que piensa por dentro». No hay modo de alcanzar el pleno conocimiento porque la conducta no lo refleja necesariamente. Sencillamente, no sabemos. ¿Qué seríamos si nos conocieran? Sería hasta aburrido (y sin dudas peligroso), como un libro o una película que se ve por segunda vez. Hay crímenes que sólo se cometen en el cerebro. Lo que es mucho mejor que aquellos que cometen algunos en criaturas de carne y hueso.

Claro está que un diario es un diario y tal vez algo haya de cierto, aunque hay que tener en cuenta que en este caso estamos hablando de un par de meses dentro del contexto total de toda una vida. Pero en el verano de 1937 escribe Ramos su novela de amor: un hombre casado, ciudadano respetable de posición desahogada, de cincuenta y dos años, tras tres décadas de matrimonio, con un hijo de 27 años, conoce a una mujer de 28, de origen humilde, de la cual se enamora como un adolescente. La pasión es volcánica, nada lo detiene, y rompiendo todas las convenciones sociales, abandona el hogar y se casa con ella, dejando una familia destrozada. Este argumento, casi de folletín, es el que vive Ramos en un verano que debió haberle sido inolvidable. (MMH)

SITUACIONES INSÓLITAS

Nunca he estado de acuerdo con Matías en cuanto a la poca importancia que tiene la biografía de un autor en relación con su obra. Creo firmemente que hay hechos biográficos que marcan para siempre y que los mismos afloran de una forma u otra en la obra que cada escritor produce. Toda novela, toda obra dramática combina una serie de aspectos, históricos, sociales, políticos, por citar algunos, que forman un tupido tejido en el que siempre están presentes las experiencias personales de su autor.

Por otra parte, la afirmación con la que comienza Matías el párrafo inicial de su «prólogo» es, naturalmente hiperbólica, porque el que un creador haya vivido intensamente sus personajes no quiere decir que vaya a vivir con menos intensidad su propia vida. He sido testigo presencial y partícipe de cómo él, es decir, Matías, ha vivido la suya.

En el espacio temporal con límites precisos que es la vida hay momentos en los que se deja de ser lo que se ha sido para convertirse uno en un ser diferente que se rige por códigos de conducta de trayectoria totalmente opuesta a la que ha seguido anteriormente, como le ocurre a Ramos, como si una fuerza superior lo empujara a ámbitos desconocidos llevándolo a situaciones insólitas, difíciles y a menudo dolorosas, como las que vivieron los personajes de esta auténtica historia de amor en ese tórrido verano de 1937.

La insistencia repetitiva de Matías que afirma una y otra vez que el autor vive a través de sus personajes tratando de desviar nuestra atención de las vivencias del hombre de carne y hueso, que es el creador, a las del personaje literario, como si fueran dos seres desconectados totalmente, no la comparto tampoco. El propio Matías se enreda de tal modo en su teoría que llega a afirmar que, «en el verano de 1937 escribe Ramos su novela de amor». (YGM)

ELLA

¿Quién es esta mujer que enloquece y descentra a José Antonio Ramos? Conocimos a Josefina de Cepeda siendo muy jóvenes, cuando Matías y yo estábamos recién casados. Ella vivía en el mismo edificio de apartamentos donde vivíamos nosotros. La veíamos de vez en cuando y nos saludábamos al pasar junto a su puerta. Tenía por compañero a un pintor español, Lloveras de Reina con el que formaba una extraña pareja. El era un hombre poco corriente. Llevaba una larga barba, en una época en que las barbas no se habían puesto de moda todavía, y era bastante más joven que ella. Un día Josefina se nos presentó y hablamos. Así comenzó nuestra amistad.

Josefina era una mujer soñadora, muy liberal y algo excéntrica. No voy a describirla físicamente porque el propio Ramos lo hace más adelante en su *Diario* y su descripción es tan precisa que cualquier cosa que se pueda añadir a ella es superflua. Cuando la conocimos tendría unos cuarenta años, era inteligente, agradable y amena. Tenía un aire de misterio y hablaba con una voz tenue y modulada. Por momentos parecía que le faltaba la respiración y tenía que detenerse para tomar un nuevo aliento y continuar conversando. Llegué a tomarle cariño porque en el fondo la percibía como una mujer débil y vulnerable. Había estudiado la enseñanza primaria en lugares muy diversos: Pinar del Río, La Habana, Las Villas y Oriente. Quizás estos frecuentes cambios de localización durante su infancia le dieran cierta inestabilidad de carácter. Era graduada de la Escuela Normal de Kindergarten y había completado, además, estudios de piano en el Conservatorio Hubert de Blanck. Trabajó como maestra de Kindergarten en la Escuela Anexa a la Normal durante varios años. Fue además, directora y maestra de piano de la Academia de Artes e Idiomas del Círculo Cubano de Bellas Artes. Colaboró con sus versos en numerosas publicaciones cubanas entre las que se cuentan: *La Revista Bimestre Cubana, Universidad de La Habana, Diario de la Marina, La Nación Cubana, América,*

Avance, El País y otros diarios y publicaciones literarias. Juan Ramón Jiménez la incluyó en su antología **La poesía cubana en 1936**. (La Habana, P. Fernández,1937) (YGM)

ÉL

¿Y cómo era José Antonio Ramos? Tengo ante mi dos descripciones de él. Una de ellas está hecha por María Luisa Ocampo en su ensayo «*Recuerdo de José Antonio Ramos*». A ella y a su hermana les dedica Ramos su obra: **En las manos de Dios**. Se conocen en 1932, época del machadato en Cuba, cuando Ramos se encuentra exiliado en México. «Cierto día», nos dice, «me topé de manos a boca con un hombre ni muy alto ni muy bajo; fornido, nervioso, apasionado en el habla y en el pensamiento. Agil de cuerpo y de espíritu; juvenil, atrayente, que hablaba de su país con un fuego inusitado y que cautivaba con la magia de su palabra. Era José Antonio Ramos».

Juan J. Remos, por su parte, nos ofrece otra semblanza de José Antonio al afirmar en «*En torno a José Antonio Ramos y su labor como novelista*», «...el que le conozca a través de su bibliografía, no puede imaginarse aquel hombre cordial, cariñoso, tierno, de una ternura casi infantil, que no tuvo jamás un doblez, que no engañó a nadie, porque pecó por todo lo contrario, por ser demasiado explícito con los demás». No es difícil imaginar, después de leer estos comentarios, que cualquier mujer inteligente y sensitiva hubiera podido sentirse atraída por un hombre poseedor de estas cualidades. Lo cierto es que ambos caen en las redes de un amor incontrolable que va a cambiar para siempre el curso de su existencia. (YGM)

EL OTRO

En 1937, en el momento en que se conocen, ya Josefina había publicado dos poemarios **Grana y armiño** (1935) y **Versos**, (1936). Al leerlos nos damos cuenta por el tema de algunos de sus poemas, de que José Antonio no había sido su primera experiencia amorosa. Antes de conocerlo, Josefina había establecido una relación con un hombre casado, que queda plasmada en su poema «Cuadro», del primero de sus libros publicados, donde el lienzo verbal que nos presenta contiene una serie de imágenes cuajadas de intimidad.

>Abiertas las ventanas, llena el oro del sol
>la casa toda.
>Trabajas con empeño, y a tu lado,
>feliz y atenta,
>mis ocios entretengo en un bordado.
>
>..
>De tu ancha frente luz vivísima se esparce
>y tiene tu presencia
>Resplandores de sol: el de la idea
>Que ilumina las rutas de la ciencia.
>
>..
>¡Qué sueño así la vida!
>Un mundo de papeles, muchos libros,
>mi piano y mi bordado...
>Tú siempre trabajando satisfecho,
>Yo siempre enamorada y a tu lado.... (26-27)

Rompiendo los barreras temporales presenciamos como la voz lírica, en presente, se autorretrata y nos coloca ante «una habitación propia», hablándonos desde un nivel lírico de sentimientos y vivencias que parecen llevarla por los caminos que conducen al descubrimiento de su propia identidad. En un encuentro íntimo consigo misma nos describe un momento de su vida en que trata de legitimar un sentir personal y una unión que rompe con el orden establecido de la sociedad en que vive.

El poema es un canto al presente en el que la radiante luz, la transparencia y la quietud invaden el ámbito en que conviven los amantes. Esa luz es dual ya que de una parte, su procedencia se origina en un astro, el sol, y de la otra proviene del iluminado intelecto del amante. Los dos están entregados a diferentes actividades. El, inmerso en un trabajo científico, mientras ella hace de sus manos el punto focal de un quehacer que se multiplica en versatilidad artística: bordado, música, poesía. Acciones todas ellas productivas de un arte específico. Intelecto y arte parecen coexistir en perfecta armonía. Sin embargo, la descripción de este cuadro hogareño que ocupa el ámbito poético es superficial, no cala en la subjetividad de estos seres que parecen ser contemplados desde lejos en su apariencia externa, aún por la propia autora, tal y como los contemplamos nosotros los destinatarios del poema. La voz lírica concibe a los amantes existiendo dentro de los confines de un espacio puro que ella misma ha construído y del que todos los peligros parecen haber sido vedados. El lienzo que contiene este idílico interior a fuerza de perfección llega a resultarnos inquietante.

No pasará mucho tiempo sin que el choque con la realidad la haga salir del sueño concebido. El amante, un hombre casado y con hijos decide volver con su mujer y abandonar a la que fuera su alumna.

Unas páginas más adelante, en el mismo poemario, nos encontramos el poema «Todo te espera», donde una voz desengañada, se lamenta del abandono en que la hunde la ausencia del amado:

> Todo espera tu amor. La sala en la penumbra,
> Los vasos con las flores de corolas fragantes;
> La lámpara discreta que a media luz alumbra.

El piano siempre abierto. Mis labios, palpitantes...
(30)

La radiante claridad que inundaba el espacio vital del «Cuadro» anterior da paso a la «media luz» que ha sustituído a la esplendorosa luz solar y a la luminosidad irradiada por el amado. En este poema, que es el reverso del cuadro anterior, todo se abre a una espera que no hace más que subrayar la añoranza creada por una ausencia al parecer definitiva. La casa ha desaparecido y ni siquiera existe un lugar de refugio para ella. Todo se vuelve expectativa. El dolor de su soledad la obliga a un examen de conciencia en el que dirige su atención hacia sí misma:

He pecado, Señor, sí ¡yo he pecado!
Y si es cierto que el alma he rescatado,
Aún el cuerpo crepita en los ardores
Del sueño sin lograr de mis amores!   (53)

El tono confesional del verso y la magnitud de la frustración amorosa nos dan la medida de la crisis que parece experimentar la autora. Las consecuencias de la misma se prolongan más allá de las páginas de este, su primer poemario y en **Versos**, su segundo libro, el dolor continúa taladrando su ser. El lamento se hace más intenso. «¡Cuánto lloraría!» corrobora estas afirmaciones:

No sé donde apoyo
Mi planta sin ruta.
No sé dónde marcho
Sin él, ¡no lo sé!   (9)

Acuciada por el dolor transcribe líricamente sus vivencias. La soledad le duele demasiado. Llega a perder la confianza en sí misma. La reiteración de la expresión «No sé» unida a la admiración final «¡no lo sé!», le da un carácter de negación, desconocimiento y desorientación a la hablante que es una consecuencia del aumento de la tensión en que su vida se desenvuelve después del abandono del amado.

Sin embargo, a pesar de todo lo que venimos diciendo, el poema: «Verso devoto a una emoción compleja» en el que encontramos afirmaciones como: «¡Tal vez no he visto lo que amar pretendo/ y me atormenta lo que no he sentido!» (8) encierra una contradicción que se vuelve evidencia y enigma al mismo tiempo.

Sintiendo la imperiosa necesidad de contemplarse ante una nueva perspectiva la autora se crea madre, abriendo un nuevo espacio en este poemario que titula «Las canciones del niño soñado», donde nos deja varios poemas permeados de ternura y anhelos maternales. Este sentimiento genera un paso de avance hacia el encuentro consigo misma y en última instancia, hacia la estabilidad emocional. Aparentemente, es en este período de recuperación espiritual en el que conoce a José Antonio Ramos. Este momento será un punto de inflexión donde esta historia va a tomar un nuevo giro. (YGM).

ADAPTACIÓN

José Antonio: sin fecha, principios del verano de 1937

... de aislamiento y soledad, por pequeña, por la independencia que pierdo, sin habitación propia y con un cuartito para despacho muy reducido y caluroso.

***

Confío, sin embargo, confío siempre en mi capacidad de adaptación. Haré todo lo posible por plegarme a las circunstancias y hallarlo todo bueno.
¿Lo conseguiré? Esta noche, que vivo cada minuto en despedida, que oigo cada nota de la sinfonía nocturna como algo que acaso no vuelva a oír, lo que pienso con más insistencia es en huir, huir de Cuba.
Vengo de una reunión de los «Amigos de la Biblioteca». Tres horas de discusión sobre una nimiedad. Ni pude hacer uso de la palabra en orden. Perdí yo también los estribos pidiendo sentido pragmático por nuestra acción colectiva. Todo en vano. Fulano contra Mengano. Amor propio, pugnacidad, intolerancia, agresividad defensiva gratuita. Arañazos... y abrazo de Judas. Todos buenos muchachos, un poco mimados, un mucho malcriados. Y la última sesión, probablemente, de los «Amigos de la Biblioteca»

de aislamiento y soledad, por pequeña, por la independencia que pierdo, sin habitación propia y con un cuartito para despacho muy reducido y caluroso...

✓ ✗

Confío, sin embargo, confío siempre en mi capacidad de adaptación. Haré todo lo posible por plegarme a las circunstancias y hallarlo todo bueno.

¿Lo conseguiré? Esta noche, que vivo cada minuto en despedida, que oigo cada nota de la sinfonía nocturna como algo que acaso no vuelva a oír, lo que pienso con más insistencia es en huir, huir de Cuba.

Vengo de una reunión de los "Amigos de la Biblioteca". Tres horas de discusión sobre una nimiedad. Ni pude hacer uso de la palabra en orden. Perdí yo también los estribos pidiendo sentido pragmático pª nuestra acción colectiva. Todo en vano. Fulano contra Mengano. Amor propio, pugnacidad, intolerancia, agresividad defensiva gratuita. Arañazos... y abrazo de Judas. Todos buenos muchachos, un poco mimados, un mucho malcriados. Y la última sesión, probablemente, de los "Amigos de la Biblioteca".

✓ ✗

4 y 5 de julio de 1937

A mis ásperas dudas sobre esa inesperada felicidad de su interés, de su amor... (¡apenas de atrevo a escribirlo!) seguirán de hoy en más otras sombras, para hacerme pagar más caro esta gloria tardía.

Hoy hemos sellado con besos el pacto terrible. El sol, nublado todo el día, nos dió un minuto de rojo esplendor, antes de hundirse otra vez en el horizonte. Junto al camino solitario pacían unas vacas. Una chiquilla esmirriada y terrosa, a horcajadas en un caballejo, cogía unas flores.

—"Para su Virgen, seguramente"—sugirió Ella.

La solemnidad del instante me penetró hasta la congoja, hasta el deseo de no seguir viviendo.

Pero fué una angustia dulce, sin estremecimiento. Más que fuego de pasión, nuestro primer beso ha tenido de resignación, de serena aceptación del Destino.

Yo no sé qué he de hacer. Ella menos.

Pero no me acuso de ligereza. Año tras año la he esperado mucho tiempo. El día que la conocí, sus ojos me dijeron el mensaje. Pero ella no lo supo. Y yo no lo crees, porque no podía creerlo. Lo pensé un instante, un segundo. ¡Como tantas otras veces! Leí después versos suyos, cargados de femeneidad natural, íntegra, eterna, cargados de maternidad. No vi en ellos literatura sino un mensaje extraño que me irritó contra la sociedad, contra las costumbres y las leyes. Me irritó por Ella.

La traté después. Recuerdo que consideré siempre su hermosura de real hembra sin cinismo, con cierto despego respetuoso. La ternura de su mirada detuvo siempre en mí toda profanación.

Merecí su amistad. Y estableciendo noblemente mi edad, mi nobleza de sentimientos, supe de su vida pasada, de cierto amor desgraciado, de sus dificultades en el hogar, donde más de una vez la tragedia dejó honda huella en el más delicado espíritu de los supervivientes: en el de Ella. La madre no puede ser su confidente. Su dolor tiene otros matices. Y otras perspectivas, naturalmente. La madre se refugió en el amor de sus hijos varones. Y a la muerte trágica del padre, por mano propia, quedó Ella sola, demasiado sola.

Amó a un hombre. Cariño nacido en el trato diario de las aulas universitarias. Pero él era casado.

La mujer no es pobre ni desamparada. El es un profesional, que necesita cierta estabilidad social. Hay hijos de por medio.

Yo no sé quién es él. ¡No quisiera saberlo nunca! Si la invité muchas veces a hablarme de sus penas, de sus dudas, nunca lo hice con innoble curiosidad. Me propuse, simplemente, aliviarla de su carga, de su secreto. En nuestras entrevistas, al parecer entre paciente y médico, entre oveja y pastor, entre buenos amigos, nunca usé un mal recurso: no enturbié mi puro deber de amigo con groseras donjuanerías. ¿Sacrificio? No: huida. Sabiduría de años. Cansancio espiritual. Egoísmo de la edad. Horror a esta responsabilidad, que hoy me señala con el dedo, desde el fondo de mi conciencia.
— "¿Sabes lo que has hecho?"
— Lo sé solo a medias. La otra mitad es "amor".

Aquí no he de actuar yo solo. Me he dado. Me he entregado sin marbete de valor, sin condiciones. Soy — era — un ~~dechado~~ desecho. Lo que habré de ser... ¡lo dirá Ella!

El único capital propio — mi bien parafernal – que aporté a esta unión desigual de espléndida juventud – 28 años – con madurez vencida – 52 – es esta convicción profunda de que esta vez, como acaso nunca en toda mi vida, no encuentro en mí ni un ápice de mi cinismo... ¡ni de mi escepticismo siquiera! que enturbie este cariño, esta apasionada ternura, este firme propósito de que todos mis actos, por Ella y para Ella, sean actos de nobleza.

✕ ✕

¡Y este pobre hogar deshecho! ¡Qué horrible carga ahora, por mi cobardía!

Pero ¿cómo podía yo esperar esta gloria tardía? Nunca me creí destinado a esta felicidad, después de tanto y tanto ensayo fracasado. Y me resigné. Ayer no más me resigné a perder mi inolvidable rincón de Arroyo Naranjo. Acaso iba dejando demasiado en el camino. Lo mejor así. Ahora resistiré.

Pero: ¿de dónde he de sacar crueldad para gritar la Verdad en esta mentira de tantos años, si el Amor de Ella lo que me inspira es amor, más amor, un amor casi místico, con apetencia de sacrificio...?

✕ ✕

HUIR DE CUBA

Como si fuera la continuidad de una vida que se inicia desde un más allá de la escritura, Josefina parece borrar un pasado en el que no está ella como personaje e inicia el texto en la página sesenta y uno. Ramos escucha en términos poéticos la sinfonía nocturna como algo que ha oído antes pero no volverá a escuchar líricamente y una palabra nos sorprende, que se va a repetir un par de veces, «huir», huir de Cuba. ¿Huir de Cuba? No exactamente.

El episodio de la reunión de los «Amigos de la Biblioteca» es breve, pero tiene una naturaleza prosaica que le da actualidad, ese pugilateo constante de la vida cubana, incluyendo la vida cultural, que ha sido siempre un perenne batallar de grupitos en contrapunto que a veces se entran a puñetazos: esa desavenencia presente también una tarde de 1937, entre libros: cainismo fraterno. Pero ese mundo de palabras escritas y de voces alteradas parece hacer una pausa, tomar un giro hacia la intimidad del deseo.

¿Cuántas veces, en sus muchos viajes al extranjero, en sus largas estancias en España, México y en especial en los Estados Unidos, se sentiría Ramos asediado por esa ansiedad de partir más íntima a nivel personal? Como es lógico, nunca podremos saberlo, pero uno siente que su intenso amor a Cuba aparece unido a la necesidad de escaparse, como si Ramos fuera un Cimarrón del Intelecto. Mi admiración por su obra se inició hace muchos años y sigue en pie muchos años después de mi propia escapatoria del Infierno, mucho más en llamas que aquel eclipse del machadato, y mi admiración por el escritor ha sido cada vez más fuerte. Huir de este lío, de esta trifulca vuelta marca de fábrica. Buscar la luminosidad más allá de este afán de combate.

Ramos es uno de esos escritores de cepa martiana en el cual la conducta ética es un elemento intrínseco de la escritura. Nunca es superficial, y quizás por eso es que me atraiga tanto a pesar de las imperfecciones que puedan encontrarse en algunos de sus textos.

Ni tiene la «aureola» de la elegancia de Mañach o Baralt. Y quizás por eso ha llamado menos la atención. Para Ramos, como para Martí, escribir era una necesidad ética, y la literatura era algo demasiado serio para reducirlo a un juego de palabras que se deja vivir por su cuenta lúdica. La responsabilidad del escritor no era para Ramos solamente léxica, sino que formaba parte de un contexto donde el hombre y el escritor se integraban. En este sentido debió entender el acto creador, porque su obra dejó prueba de ello. Esto no quiere decir que no encontremos una preocupación formal, y su teatro pone de manifiesto una marcada conciencia técnica, que a veces lo lleva por la línea de estructuras dramáticas tradicionales (el realismo de *Tembladera*) o experimentales (el expresionismo de *En las manos de Dios*). Entre todas ellas se destaca su propia desolación ante las frustraciones de la Cuba republicana, la asfixia frente al medio y el inevitable impulso de partir, huir, como única solución de su existencia pública y su vida privada. Porque a los cincuenta y dos años Ramos se va a encontrar en una disyuntiva ético-lúdica que es una obra de carne y hueso, donde los libros con los cuales ha vivido adquieren una nueva realidad conflictiva más allá del entorno colectivo de una sociedad que forcejea su *«amor propio, pugnacidad, intolerancia, agresividad defensiva gratuita»* de un grupo de cubanos cultos en una «amistosa» biblioteca. Porque, ¿de quién recibe el abrazo de Judas? Las injusticias que sufrió en la Biblioteca Nacional debieron de ser muchas, y algo de ello se desprende de referencias biográficas, y en el texto que transcribimos se traslucen con sesgo de ironía.

Del lado opuesto, «la llama en el mar», J de C, en oposición a la ética del lazo matrimonial. Es la huida de Trinidad (Juan Antonio en *Caniquí,* Caniquí en *Caniquí*), de Cuba (Washington en *Coaybay*), de La Habana (Masito en *Las impurezas de la realidad*) y la del propio Ramos que se siente atrapado a niveles ideológicos y privados. (MMH)

UNAS MUTACIONES LABERÍNTICAS

Tan pronto Ramos se enfrenta al dilema que vive comienza su deseo de partir. Está decidido a irse, a romper con todo Pero aún así, debió haber sido difícil para un hombre íntegro como Ramos, enfrentarse a su mujer, con la que ha compartido la vida por un período de tantos años, casi treinta, para plantearle esta situación. No es extraño que se le fueran los estribos en la reunión de los «Amigos de la Biblioteca», cuando tenía tantas cosas que resolver de inmediato en su vida personal.

Tampoco resulta raro que quiera huir. Lo opresivo de la situación le lleva a ello y en su **Diario**, que es su espacio psíquico, nos deja el fluir de su monólogo interior permeado de angustia. No quiere huir de Cuba ni de su escritura. No va a convertirse en un «Cimarrón del Intelecto», como teme Matías en el párrafo anterior, quiere huir de su circunstancia, de un espacio que parece asfixiarlo. Necesita crear una distancia que lo aleje del terreno familiar, de ese ámbito diario que ha compartido desde siempre con su mujer y con su hijo. Ese espacio era su existir y ahora es un pasado constituído por una historia existencial que ha quedado trunca. Y frente a él, un futuro totalmente nuevo, incierto y desconocido, que como **«sinfonía nocturna»**, le envuelve con nuevas y armoniosos compases promisorios de una eterna felicidad. Reconoce que la puerta que conduce al pasado hay que cerrarla. Su desplazamiento hacia el futuro va a hacerse gracias a una escisión dolorosa e inevitable como lo son todos los rompimientos. Va a ser el causante del dolor y del sufrimiento de seres muy allegados a él.

En la noche que vive **«cada minuto en despedida»** el escritor trata de adaptarse a su nuevo espacio vital. **«Confío, nos dice, en mi capacidad de adaptación»**. Recuerdo haber leído alguna vez una frase que no he olvidado nunca: «Todo puede perderse y encontrarse, y perderse nuevamente en laberínticas mutaciones». La intensidad de la experiencia que vive Ramos en estos momentos es demasiado arrolladora. Su casa se derrumba. Caen sus paredes y sus techos. Y él va a quedarse a la intemperie. Lo mismo sufrirán su mujer y su hijo, pero en peores condiciones, y él está consciente de ello. (YGM)

¿SABES LO QUE HAS HECHO?

4 y 5 de Julio de 1937

A mis ásperas dudas sobre esa inesperada felicidad de su interés, de su amor... (¡apenas me atrevo a escribirlo!) seguirán de hoy en más otras sombras, para hacerme pagar más caro esta gloria tardía.

Hoy hemos sellado con besos el pacto terrible. El sol, nublado todo el día, nos dio un minuto de rojo esplendor antes de hundirse otra vez en el horizonte. Junto al camino solitario pacían unas vacas. Una chiquilla esmirriada y terrosa, a horcajadas en un caballejo, cojía unas flores.

–«Para su Virgen, seguramente!»– sugirió Ella.

La solemnidad del instante me penetró hasta la congoja, hasta el deseo de no seguir viviendo.

Pero fue una angustia dulce, sin estremecimiento. Más que fuego de pasión, nuestro primer beso ha tenido de resignación, de serena aceptación del Destino.

Yo no sé qué he de hacer. Ella, menos.

Pero me acuso de ligereza. Año tras año la he esperado mucho tiempo. El día que la conocí sus ojos me dijeron el mensaje. Pero ella no lo supo. Y yo no lo creí porque no podía creerlo. Lo pensé un instante, un segundo ¡Como tantas otras veces! Leí después versos suyos, cargados de femenidad natural, íntegra, eterna. Cargados de maternidad. No leí en ellos literatura sino un mensaje extraño que me irritó contra la sociedad, contra las costumbres y las leyes. Me irritó por Ella.

La traté después. Recuerdo que consideré siempre su hermosura de real hembra sin cinismo, con cierto despego respetuoso. La ternura de su mirada detuvo siempre en mi toda profanación.

Merecí su amistad. Y estableciendo noblemente mi edad, mi nobleza de sentimientos, supe su vida pasada, de cierto amor desgraciado, de sus dificultades en el hogar, donde más de una vez la tragedia dejó honda huella en el más delicado espíritu de los supervivientes: en el de Ella. La madre no puede ser su confidente. Su dolor tiene otros matices. Y otras perspectivas, naturalmente. La madre se refugió en el amor de sus hijos varones. Y a la muerte trágica del padre, por mano propia, quedó Ella sola, demasiado sola.

Amó a un hombre. Cariño nacido en el trato diario de las aulas universitarias. Pero él era casado. La mujer no es pobre ni desamparada. El es un profesional, que necesita cierta estabilidad social. Hay hijos de por medio.

Yo no sé quién es él. ¡No quisiera saberlo nunca! Si la invité muchas veces a hablarme de sus penas, de sus dudas, nunca lo hice con innoble curiosidad. Me propuse, simplemente, aliviarla de su carga, de su secreto. En nuestras entrevistas, al parecer entre paciente y médico, entre oveja y pastor, entre buenos amigos, nunca usé un mal recurso: no enturbié mi puro deber de amigo con groseras donjuanerías. ¿Sacrificios? No, huida. Sabiduría de años. Cansancio espiritual. Egoísmo de la edad. Horror a esta responsabilidad, que hoy me señala con el dedo, desde el fondo de mi conciencia.

–«¿Sabes lo que has hecho?»
–Lo sé sólo a medias. La otra mitad es «suya».

Aquí no he de actuar yo solo. Me he dado. Me he entregado sin marbete de valor, sin condiciones. Soy –era— un desecho. Lo que habré de ser... ¡lo dirá Ella!

El único capital propio –mi bien parafernal– que aporto a esta unión desigual de espléndida juventud –28 años—con madurez vencida –52—es esta convicción profunda de que esta vez, como acaso nunca en toda mi vida, no encuentro en mí ni ápice de cinismo... ¡ni de mi escepticismo siquiera! que enturbie este cariño, esta apasionada ternura, este firme propósito de que todos mi actos por Ella y para Ella sean actos de nobleza.

***

¡Y este pobre hogar deshecho! ¡Qué horrible carga ahora, por mi cobardía!

Pero: ¿cómo podía yo esperar esta gloria tardía? Nunca me creí destinado a esta felicidad, después de tanto y tanto ensayo fracasado. Y me resigné. Ayer no más me resigné a perder mi inolvidable rincón de Arroyo Naranjo. Acaso iba dejando demasiado en el camino. Es mejor así. Ahora resistiré.

Pero, ¿de dónde he de sacar crueldad para gritar la Verdad en esta mentira de tantos años, si el Amor de Ella lo que me inspira es amor, más amor, un amor casi místico, con apariencia de sacrificio...?

UN HOGAR DESHECHO

Una cosa que considero que está a favor de Ramos en toda esta historia es que en el fondo se duele del dolor que le causa a su mujer y a su hijo, porque cuántos hombres hay que abandonan a su familia sin sentir el menor cargo de conciencia, ni lamentar el dolor que ocasionan. Demasiado bien sabe él, por su profundo sentido de la responsabilildad, que no podrá librarse de su conciencia que es la que lo interpela de inmediato y le hace la pregunta que da título al epígrafe anterior. Es una pregunta que pretende medir la dimensión del daño ocasionado. El pacto hecho entre ambos, él y Josefina, es calificado por él mismo de «terrible». Le acosa la idea del pago que estará obligado a realizar por una felicidad que nace rodeada de angustias, de un hogar que va a construirse sobre las ruinas de otro. Se vislumbra seguido por unas sombras que opacarán su dicha. Y de pronto, surge la nueva imagen femenina que le obsesiona, ella en sus versos, en los que descubre una protesta velada contra la sociedad; ella en casa de sus padres relegada por su madre, huérfana de padre; ella como la amante de un hombre casado. Trata de ser su consejero. Quiere distanciarse, huir, pero es inútil. El amor parece ser más fuerte que todo. Finalmente, acaba acusándola, le adjudica la mitad de la culpa del acto realizado. Se ve obligado, nos dice, a abandonar su «inolvidable rincón de Arroyo Naranjo», espacio vital al que estaba acostumbrado, parte integrante de su diario bregar intelectual. Esto le duele. Se cuestiona entonces: «Acaso iré dejando demasiado en el camino». Presentándosele profundas dudas ante la determinación tomada que no puede evitar. Las palabras con las que termina esta secuencia, «crueldad» para los que deja y «sacrificio» como parte inevitable de este nuevo camino que va a tomar, serán los cimientos de su nueva vida.

En estos párrafos del *Diario* hay una gran riqueza de elementos, entre los que percibimos voces en silencio que nos hablan conmovedoramente. La voz de la esposa cuya vida doméstica la condenó a la no existencia, nos deja un angustioso discurso sin palabras. ¿Y la del hijo? Es otra voz ausente que escuchamos en un discurso que no formó parte del «cuadro» que ahora presenciamos. Una situación analizada desde diferentes perspectivas que se integran en este texto escrito de su puño y letra donde él deja pruebas de la honestidad que le caracterizaba y de la amargura que, contradictoriamente, acompañó este momento de felicidad en el que él se convierte en el autor de su propia vida y al mismo tiempo en observador y crítico acérrimo de sí mismo. (YGM)

UNA PROTAGONISTA QUE YA HABÍA ESCRITO

Imaginemos la situación. Es evidente que en esos días del mes de julio de 1937 el melodrama está en su punto. De pronto Ramos, ese escritor circunspecto, poco dado a las emociones y a la ley del deseo, se encuentra en el callejón sin salida de la ética y el instinto. El Amor, la Verdad y el Destino (con mayúsculas) se agolpan y no sabe qué hacer. Inclusive, en su diario íntimo se le ocurren términos que posiblemente hubiera borrado en la redacción de sus textos: *«Hoy hemos sellado con besos el pacto terrible»*. Jamás se atrevió Ramos a escribir texto semejante en boca de sus personajes. Le hubiera parecido exagerado, ridículo. Quizás lo hiciera alguna vez, en sus momentos más descuidados e inexpertos, en algunas de sus obras de juventud. Pero ahora lo escribe en un arranque de total romanticismo como si estuviera en «cumbres borrascosas», inclusive en su concepción del paisaje. Para mí, como lector, es fascinante.

Y sin embargo, todo esto ya lo ha estado escribiendo. No hay que olvidar que este gran dramaturgo vive el teatro de principios de siglo, bajo la influencia del peor melodrama español de su tiempo, del cual va rompiendo los lazos a través de la autenticidad del planteamiento ibseniano, de la parte austera de su personalidad que no se permite tales lujos. Pero es precisamente ahora un personaje ibseniano sobre el cual pesa lo que él llama la cobardía de toda su existencia matrimonial. Ha construído su obra con la precisión de un drama de tesis donde, tras *«tanto y tanto ensayo fracasado»* se resuelve con la puesta en escena. Para 1937 Ramos ha escrito *Almas rebeldes (1906), Una bala perdida (1907), La hidra (1908), Liberta (1911), Cuando el amor muere... (1911), Satanás (1914), Calibán Rex (1914), El hombre fuerte (1915), El traidor (1915), Tembladera (1917), En las manos de Dios (1933), La recurva (1944), La leyenda de las estrellas (1935).* Es decir, para la fecha en que conoce a J de C, como él la llama a veces, ya ha escrito prácticamente toda su obra dramática y sólo le va a quedar por vivir, dramáticamente hablando, su propio personaje, que ya se ha escrito. Es decir, la aparición de Ella tiene lugar a punto del desenlace, por lo cual se puede decir también que El ya la ha escrito a Ella. (MMH)

¿ES AMOR Y NO OTRA COSA LO QUE A TI ME ATRAE?

Josefina ha sufrido el trauma del suicidio de su padre, la figura paterna tan necesaria en los años de formación de la personalidad ha desaparecido. Ha carecido de la correspondiente orientación paterna, de su cariño, de su comprensión y de lo que es peor aún, del ejemplo vivo de un padre a su lado. A la muerte de este tiene que convivir con una madre que aparentemente prefiere a sus hijos varones. Quizás, sin que ella misma se de cuenta, ansíe encontrar una figura masculina que sustituya la desaparecida figura paterna. Es tal vez por eso que se entrega a ese primer amor precoz sin pensar en sus terribles consecuencias. Y ahora de nuevo la vemos caer en las redes del amor con un hombre que por su edad podría ser su padre.

En cuanto a José Antonio, ¿será ella, como Matías afirma, la mujer que multiplicada en los personajes de su teatro él ha creado, admirado y descrito en sus obras desde antes de conocerla? ¿Será Josefina esa imagen paradigmática femenina de mujer liberada que aparece una y otra vez en sus dramas? Algo de ellas parece tener.

Lo cierto es que las ideas de Ramos sobre la mujer y el amor se manifiestan en toda su obra. En su novela **Caniquí**, pone en boca de Juan Antonio, (¿José Antonio?) uno de sus personajes, las siguientes palabras:

>«He vuelto a verte y me he desengañado de que es amor y no otra cosa lo que a ti me atrae. Amor puro y legítimo, Mariceli, que no se avergüenza de mostrarse en este instante solemne. Cariño que nace en lo más hondo de mi alma: en mi necesidad humana de una mujer, de una compañera a quien confiarle así mis cosas más íntimas: a quien poseer no sólo en cuerpo, sino en lo más insignificante de su pensamiento, en lo más elevado de su espíritu. Así fuimos hechos, Mariceli. Así nacimos. Y no sé

por qué me parece el mayor de los pecados esa idea abominable de que en pecado fuimos concebidos y que en pecado nuestro cuerpo nos mantiene. Dios es Amor. Y Amor es Creación. Ser feliz en el amor humano es redimir nuestra materia, es crear, es convertir nuestros cuerpos en algo vibrante como un cántico, como una hoguera de sacrificio. Y nuestro Gran Pecado es nuestra ignorancia, nuestra torpeza para redimir ese amor de sus complicaciones animales».

Su concepto de la unión amorosa del hombre y la mujer en esa comunión física y espiritual que es al mismo tiempo compenetración absoluta y total, y la idea de redimir la materia que nos forma a través del amor, lo coloca en una posición de avanzada espiritualidad no sólo para la época en que él vivió, sino aún para nuestros días. ¿Sentiría Ramos este amor íntegro y diferente por su primera esposa? Y si fue así, ¿cuándo terminó? ¿Es que la cotidianidad pudo ser más fuerte y ahogar un sentimiento de esta naturaleza? ¿Será este verdaderamente el amor que siente José Antonio por Josefina? ¿Es amor o la lujuria de un erotismo tardío? Sea una cosa u otra, se trata de un sentimiento incontenible y arrasador que lo impulsa a ella sin remedio. (YGM)

TIEMPO REAL, TIEMPO ESCÉNICO

La trayectoria a la que llegamos en estos momentos ha sido trazada por el dramaturgo desde 1906 cuando Eugenio Ferrand rompe con los vínculos familiares y los de su clase social para luchar contra la injusticia social en *Almas rebeldes*, hasta que con el paso del tiempo y algunos altibajos, se vuelve el Joaquín de *Tembladera (1911)*. Pero este Joaquín de *Tembladera*, reservado y con muy poco «sex-appeal», es el hombre ético que ha arrinconado su erotismo, que ha subordinado toda su vida al deber y que ahora, a los cincuenta y dos años, se encuentra con la J de C que ya había escrito.

> *Joaquín Artiga: «Escúcheme. Yo no puedo ensayar en este momento una definición de mis sentimientos hacia usted. Cuando un hombre y una mujer se miran por primera vez y se quieren, no tienen nada que aclarar ni definir». (Tembladera, 1917)*

Este absurdo del tiempo escénico y del tiempo real es una manifestación de una interdependencia que puede explicarse por un sistema de atemporalidad de la creación literaria. Por otra parte, Isolina, la protagonista de *Tembladera* no es otra que J de C escrita por Ramos antes de conocerla. Ramos se había enamorado de ella «antes» a través de Joaquín. Las características de inteligencia que hay entre ambas mujeres son las mismas. Y la decisión de Joaquín Artigas no sólo es la de él, que no pasa de ser la mitad, frente a la decisión de Isolina.

> *Joaquín Artiga: «Diez años de trabajo, de concentración en mí mismo, desesperado de mis contemporáneos y aferrado como un náufrago a mis ideales y mi esperanza en el provenir, ha apagado en mi corazón todos los ardo-*

res de la juventud. Amar, para mí, significa algo que casi no tiene nada que ver con lo que podría exigir de mí una amante... Y en estas condiciones, Isolina, sólo una mujer podría hacerme y hacerse feliz a mi lado..., y esa mujer es usted: sería inútil que lo callase». (Tembladera, 1917)

No pasemos por alto también que Isolina en **Tembladera** ha dado un «mal paso» similar al que da Josefina en sus relaciones con un hombre casado mencionado en el **Diario** y que Josefina es, como Ramos lo dice, un tipo de mujer que no responde a la norma social correcta. Todas las características que Ramos atribuye a Isolina en 1917 van a pasar a «caracterizar» a J de C en el **Diario**, aunque no necesariamente en sus más mínimos detalles. No es ella solamente, porque se reflejan en él personajes femeninos inteligentes, audaces, apasionados, de «conducta impropia», que vienen poblando las fantasías eróticas de Ramos desde 1906 en adelante.

Mercedes Morel: «El delito mío, el delito por el cual hace tres años me arrastro aquí mejor que vivo, no fui yo sola a cometerlo: ¡fuimos dos!... Dos a pensarlo, a meditarlo, a disfrutar su aspecto grato, dos a gozarlo... ¿En nombre de qué justicia, di, de qué ley se pide que sólo uno lo purgue? (Liberta, 1911)

Una de ellas es la de Mercedes Morel, ya citada, en **Liberta**, que también rompe el molde y da un mal paso. Es nuevamente no sólo una mujer atractiva sino inteligente, culta, refinada, capaz además de romper con el canon de la edad en sus relaciones sexuales, invirtiéndolo en este caso en una apasionada relación con un hombre más joven que ella, como la propia Josefina la invertirá a su vez después de la muerte de Ramos en su relación con el pintor Lloveras de Reina. Es decir, antes de la llegada de Josefina,

Ramos ha estado «viviendo» pasiones volcánicas con estas criaturas de ficción, porque el proceso creador es también una fantasía erótica ilimitada. Con el cincel de un dramaturgo ibseniano va desarrollando la acción que va a vivir en 1937 y que se vuelve la narrativa clave de su *Diario*.

Si de *«gloría tardía»* se trata, como lo llama en esta carta, el antecedente hay que irlo a buscar en la Lisette de **Satanás**, la «Lolita» de Ramos. Ciertamente el donjuanismo de Esteban no puede asociarse con el del protagonista del **Diario**, aunque la intensidad de su lujuria (de acuerdo con el texto) no es para menos. Esteban y Pablo, los dos hermanos de **Satanás**, representan la doble cara de una moneda: Esteban es el librepensador, el que se va y vive la vida que Pablo no vive y que este, precisamente por no haberla vivido, hubiera querido vivir. El tinte paternalista de Esteban con respecto a Lisette va a reflejar la ulterior relación de Ramos con Josefina, hasta el punto que se repite el esquema, estableciéndose entre el dramaturgo y la poetisa la misma relación *«entre paciente y médico, oveja y pastor»*, que equivale al vínculo paterno y filial de Esteban y Lisette en **Satanás**. En las escenas finales tales vínculos desaparecen a favor de un erotismo desenfrenado ausente en todo el teatro de Ramos y en la mayor parte de su narrativa, hasta que llega J de C en los últimos momentos de su obra. (MMH)

> *(El se yergue, inconscientemente, como aterrado de haber confesado algo inconfesable. Ella se yergue también abrazándole, asiéndose a él. El trata de desasirse. Ella le mira fijamente un instante, un relámpago: él evita la mirada. Ella, entonces, como aniquilada, profundamente decepcionada, se deja caer otra vez en la butaca, ocultando la cabeza entre los brazos. Hay un silencio extraño. Esteban, lentamente, se atreve a mirarla. Lisette se ofrece, medio desnuda, sobre el hacinamiento de ropas que ya no la cubren. De pronto da un paso hacia ella, un paso cuya intención va a recorrer los nervios de ella en un estremecimiento. Ya todo está dicho. El se acerca...) (Satanás, 1913)*

INTERMEZZO

12 de julio de 1937

Con todo lo que el vivir me ha descargado arriba de «serio», de «grave» y «heroico», tengo que resignarme a este intermedio lírico.

He vivido una semana en un abrir y cerrar de ojos. Ella, ella y ella. Acabo de escribir unas páginas sueltas que correspondían a este libro. Se las revelo a ella.

Hablan mi «Ego» de ayer y de siempre y mi Ego de hoy. En medio de los dos se encaja ahora Ella. Pero no me estorba. Recuerdo que en mis últimos procesos eróticos he sentido siempre como un remordimiento del tiempo empleado en ser feliz. Ahora no siento nada parecido.

Mi mesa me entristece un poco. ¡Son tantas las cartas pendientes de contestación, los libros por leer, los proyectos de creación literaria...! En los primeros días sufrí un tanto de confusión.

Pero no me arrepiento. Ni huyo. El futuro me preocupa sin alarma, sin miedo. Tengo que vencer, sencillamente.

No puedo considerarla un estorbo, ni un imprevisto siquiera. Si no la tenía en mis ilusiones era por humildad, por resignación con mis años. Ahora está ahí. No. Ahí no: aquí, dentro de mí mismo. Y me parece razonable aceptar. Ella no está engañada tampoco. Me dice toda «su» verdad. Si miente, yo me miento a mí mismo en idéntica forma.

Mi nuevo Ego, pues, no es del todo incompatible con la secuencia de la personalidad. Ahora se me va todo el tiempo en ella. Pero encuentro al Ego anterior más consecuente y tolerante que otras veces: aún con la misma Isabel, mi pobre Mumucha.

Observa ese grave Ego de ayer mi despertar sexual. ¿Peligro? En parte. Pero ayer no vivía en el Nirvana. Las inquietudes eran acaso más lesivas para la mente. Era la lujuria difusa, el mirar codicioso de todas las hembras, el atisbo... y la masturbación: la vergüenza de incurrir todavía en tal debilidad, ahora injustificable puesto que no podría atribuirse a un exceso sobrante de energías.

Desde que entró ella en mis sentidos he vuelto a mi normalidad sexual. Ninguna otra mujer me inquieta. Desapareció el «feeling of inferiority», la ansiedad: todo. Pienso en ella con suaves ardores que no me inducen sino a buscarla, a estar a su lado, aunque sólo sea para conversar y conservar sus manos entre las mías. No me impongo ni me niego a nada.

La analizo. Es bella, es hermosísima, con una gran prestancia. Pero tiene defectos: los que ella me revela y los que yo descubro por mi parte. En vez de la blancura que siempre me atrajo, tengo en ella una piel morena, [...] clara. Tiene [...] las manos grandes y hombrunas, los tobillos demasiado finos acaso, la nariz ancha, el mentón saliente...

Todo me lo digo. Y me admira mi propia reacción. En vez de repulsión, ternura. En vez de caridad, de excusa, acicate del deseo.

¿Por qué? Pues porque es bella, sencillamente. Es alta, fornida, «toda llena de gracia». Los hombres vuelven la cabeza. Tiene un formidable «sex appeal». Y unos ojos de abismo.

Con todo ello, y por ello solamente, que no me habría llegado tan hondo sin la otra atracción de su personalidad psíquica. Estaría enamorado rendido ante ella, como tantas otras veces en la vida, y cínico aquí.

Esta vez no me alcanza toda mi experiencia para desprenderme de su encanto al analizar mis sentimientos. Es franca, fuerte, noble. Y niña a la vez. Es sensual sin damerías ni hipócritas reservas. Y su sensualidad de animal joven lo que rezuma es afirmación, derecho, nobleza. Se siente en ella que es lo accesorio y no lo principal. Ama con el cuerpo como al primer contacto se produce la chispa. Pero se la ve enseguida fundirse en su destino fundamental, esencial, de fecundación. De niña anheló ser madre: tiene versos hondísimos con ese deseo por tema. Espantada ahora por la vida y los desengaños, su maternidad se resuelve en admiración por la inteligencia, por la imaginación creadora. De todas sus impresiones queda en cinta. No hemos hecho otra cosa que besarnos y ya se siente a mi lado como la madre de todas mis futuras acciones y creaciones en la vida. Podría ser descansadamente hija mía y me hace sentir niño a su lado...

Escribe mejor que yo. ¿Cómo? No me lo explico. Su educación ha sido deficiente. Su pobre madre es harto corta de inteligencia y cortísima de alas. El padre fue un hombre recto, pundonoroso, un militar de buena fe. Preferida por él, la madre túvola siempre postergada a sus hijos varones. Ahora es ella la que trabaja en la casa. Es profesora de Kindergarten.

Estudió muchas cosas. Todo lo dejó a medias. Sufre desarreglos funcionales, típicamente nerviosos: su regla, la colitis, el hígado...

***

Ahora, naturalmente, no es cosa de pensar en algo que no sea besarnos, huir a sitios solitarios por las carreteras, en el «fordcito», y entregarnos al delicioso «spooning», con todas sus elevaciones y caídas. La crisis deliciosa de fusión somática.

Yo no pienso tanto en mí como en ella, sin embargo. Quiero que termine el bachillerato y entre en la Universidad: los títulos sirven para los otros, entre quienes hay que vivir.

Ni por un instante piensa ella en depender de otra persona. Quiere «su» dinero, su base de vida. Lo ha hecho y lo hará siempre. Está salvada.

Ama porque lo necesita. Lo necesita con toda la violencia de su naturaleza, más tropical que la mía. Parece exenta de vicio, de desviación. Cuando se satisface lo deja sentir. Cubre todo lo desagradable de la Naturaleza con noble gracia, sin precauciones hipócritas, ni desparpajo desilusionador.

Mi misión a su lado, por lo tanto, no es la del supuesto «creador» que suelen sentirse los hombres maduros, cuando se enamoran de una niña. Conmigo o sin mi ella es una vencedora nata. Y llegará adonde se proponga. Que no es decir nada de gloria popular ni bullanguera.

Todo lo que me queda por hacer es ayudarla, serenar sus inquietudes, acompañarla en sus estudios, compensar la incomprensión de su casa y de la sociedad en general, hacia las mujeres de su tipo.

Es lo que me propongo hacer... en cínico.

¿Cuándo me sucedió otro tanto?

12 de julio, 1937

Con todo lo que el vivir me ha descargado arriba de "serio", de "grave" y "heroico", tengo que resignarme a este intermedio lírico.

He vivido una semana en un abrir y cerrar de ojos. Ella, ella y ella. Acabo de escribir unas páginas sueltas que corresponden a este libro. Se las revelo a ella.

Hablan mi "ego" de ayer y de siempre y mi ego de hoy. En medio de los dos se encaja ahora Ella. Pero no me estorba. Recuerdo que en mis últimos procesos eróticos he sentido siempre como un remordimiento del tiempo empleado en ser feliz. Ahora no siento nada parecido.

Mi mesa me entristece un poco. ¡Son tantas las cartas pendientes de contestación, los libros por leer, los proyectos de creación literaria...! En los primeros días sufrí un tanto de confusión.

Pero no me arrepiento. Ni huyo. El futuro me preocupa sin alarma, sin miedo. Tengo que vencer, sencillamente.

No puedo considerarla un estorbo, ni

un imprevisto siquiera. Si no la temía en mis ilusiones era por humildad, por resignación con mis años. Ahora está ahí. No. Ahí no; aquí, dentro de mí mismo. Y me parece razonable aceptar. Ella no está engañada tampoco. Me dice toda su verdad. Si miente, yo me miento a mí mismo en idéntica forma.

Mi nuevo Ego, pues, no es del todo incompatible con la secuencia de la personalidad. Ahora se me va todo el tiempo en ella. Pero encuentro al Ego anterior más consecuente y tolerante que otras veces: aun con la misma Isabel, mi pobre Muwacha.

Observa ese grave Ego de ayer mi despertar sexual. ¿Peligro? En parte. Pero ayer no vivía en el Nirvana. Las inquietudes eran acaso más lesivas para la mente. Era la lujuria difusa, el mirar codicioso de todas las hembras, el atisbo... y la masturbación: la vergüenza de incurrir todavía en tal debilidad, ahora injustificable, puesto que no podría atribuirse a un exceso sobrante de energías.

Desde que entró ella en mis sentidos he vuelto a mi normalidad sexual. Ninguna otra mujer me inquieta. Desaparece el "feeling of inferiority", la ansiedad: todo. Pienso en ella con suaves ardores que no me inducen sino a buscarla, a estar a su lado, aunque sólo sea para conversar y conservar sus manos entre las mías. No me impongo ni me niego nada.

La analizo. Es bella, es hermosísima, con una gran prestancia. Pero tiene defectos: los que ella me revela y los que yo descubro por mi parte. En vez de la blancura que siempre me atajo, tengo en ella una piel morena, ~~████████~~ clara. Tiene ~~████████~~ las manos grandes y hombrunas, los tobillos demasiado finos acaso, la nariz ancha, el mentón saliente...

Todo me lo digo. Y me admira mi propia reacción. En vez de repulsión, ternura. En vez de caridad, de exenso, acicate del deseo.

¿Por qué? Pues porque es bella, severamente. Es alta, jornida, "toda llena de gracia". Los hombres vuelven la cabeza. Tiene un formidable "sex appeal". Y unos ojos de abismo.

Con todo ello, y por ello solamente, creo

que no me habría llegado tan hondo sin la otra atracción de su personalidad psíquica. Estaría enamorado rendido ante ella, como tantas otras veces en la vida, y ~~cansado~~ cínico aquí.

Esta vez no me alcanza toda mi experiencia para desprenderme de su encanto al analizar mis sentimientos. Es franca, fuerte, noble. Y niña a la vez. Es sensual sin damerías ni hipócritas reservas. Y su sensualidad de animal joven lo que rezuma es afirmación, derecho, nobleza. Se siente en ella que es lo accesorio y no lo principal. Ama con el cuerpo como al primer contacto se produce la chispa. Pero se la ve enseguida fundirse en su destino fundamental, esencial, de fecundación. De niña anheló ser madre: tiene versos hondísimos con ese deseo por tema. Espantada ahora por la vida y los desengaños, su maternidad se resuelve en admiración por la inteligencia, por la imaginación creadora. De todas sus impresiones queda encinta. No hemos hecho otra cosa que besarnos y ya se siente a mi lado como la madre de todas mis futuras acciones y creaciones en la vida. Podría ser descansadamente hija mía y me hace sentir mimo a su lado...

Escribe mejor que yo. ¿Cómo? No me lo explico. Su educación ha sido deficiente. Su ~~padre~~ madre es harto corta de inteligencia y cortísima de alas. El padre fue un hombre recto, pundonoroso, un militar de buena fe. Preferida por él, la madre tuvola siempre postergada a sus hijos varones. Ahora es ella la que trabaja en la casa. Es profesora de Kindergarten.

Estudió muchas cosas. Todo lo dejó a medias. Sufre desarreglos funcionales, típicamente nerviosos: su regla, la colitis, el hígado...

× ×

Ahora, naturalmente, no es cosa de pensar en algo que oro sea besarnos, huir a sitios solitarios por las carreteras, en el "fordito", y entregarnos al delicioso "spooning", con todas sus elevaciones y caídas. La crisis deliciosa de pasión somática.

Yo no pienso tanto en mí como en ella, sin embargo. Quiero que termine el bachillerato y entre en la Universidad: los títulos sirven para los otros, entre quienes hay que vivir.

65

Ni por un instante piensa ella en depender de otra persona. Quiere "su" dinero, su base de vida. Lo ha hecho y lo hará siempre. Está salvada.

Ama porque lo necesita. Lo necesita con toda la violencia de su naturaleza, mas tropical que la mía. Parece exenta de vicio, de desviación. Cuando se satisface lo deja sentir. Cubre todo lo desagradable de la Naturaleza con noble gracia, sin precauciones hipócritas ni desparpajo desilusionador.

Mi misión a su lado, por lo tanto, no es la del supuesto "creador" que suelen sentirse los hombres maduros, cuando se enamoran de una niña. Conmigo o sin mí ella es una vencedora nata. Y llegará adonde se proponga. Que no es decir nada de gloria popular ni bullanguera.

Todo lo que me queda por hacer es ayudarla, serenar sus inquietudes, acompañarla en sus estudios, compensar la incomprensión de su casa y de la sociedad en general, hacia las mujeres de su tipo.

Es lo que me propongo hacer... ¡en único! ¿Cuándo me sucedió otro tanto?

× ٧ ٧

22 de julio, 1937

Ayer tarde hemos paseado por esos estupendos caminos de Vento y Santiago. Muchos miles de besos por kilómetros. Planes. Aclaraciones de cada cual. Sinceración ingenua...

Pero mi mesa presenta esta mañana bellísima un aspecto amenazador. Se acumulan los libros y revistas sin abrir, cobran relieve los días perdidos en la memoria, y le disputan lugar al recuerdo de los paseos, de las promesas, de los besos...

Me asusto. Me asusto por mí y por Ella. Tampoco está haciendo gran cosa en estos días. El lunes se sintió enferma. El martes no nos vimos y a mí me arrastraron a un día de playa. Distracciones y más distracciones.

He llegado a la conclusión de siempre: que debo irme de Cuba. ¿Huida? Un poco.

Para una cosa o la otra, el hogar me pesa. Mi renuncia a Arroyo Naranjo me convenció de que mi estado de felicidad resulta incompatible con esta ilusión de "hogar" que por decoro y cobardía en
partes igua-

Copia del Original. Letra de Josefina de Cepeda.

les, estoy soportando hace tantos años. Pues nunca me ha parecido más difícil que en estos días la ruptura de los lazos de costumbre. Ahora veo que no es deseo ni cobardía sino hábito, carece. El surco que cada día trazamos con nuestros actos, no con nuestros sentimientos ni con nuestros ideales. Mi surco es esta casa, estos libros, esta familia. Y nunca más que ahora, después de su triunfo de ellos en arrancarme de Arroyo Naranjo, se presentaron tan mansos, tan suaves...

x v

Pero mi nueva complicación sentimental me apremia. Me horroriza pensar en la adquisición del nuevo "hábito", con ella de amante o de novia, visto ahora y luego en breves instantes de amor... ¿amor? De lujuria, para no eufemizar la realidad.

Quiero empezar a hacer algo. Ayer hice una pequeña diligencia para obtener mi envío fuera de Cuba: otra vez a Veracruz. No me dio resultado. Mañana insistiré. Desde Veracruz, ya rota la maraña de la costumbre, podré solicitar mi libertad legal.

Estaré lejos, por lo menos.

Aquí, expuesto a las explosiones sentimen-

todo, a lo dramatismo, sé que no haré nada. Ni creo que la oportunidad de una ruptura haya de presentarse. Por lo demás: ¡sería demasiado cruel no solo para la madre sino para mi pobre hijo, que bastante mal parece haber curado de sus traumas infantiles, causados por la misma desavenencia entre su madre y yo!

× ×

¡Si pudiera irme solo, por algún tiempo, a cualquier otro rincón de Cuba!

La Habana me molesta. Es una serie inacabable de juntas, banquetes, discursos, conferencias, compromisos...

¿Qué voy sacando yo de todo eso? Nombre, fama, admiradores, etc. me parece que tengo ya mucho más de lo que necesito para vivir "mi vida". Entonces ¿qué? No cambio mi criterio: la gloria póstuma es la más cómoda. Que me lleven flores a la tumba o a la estatua; ¡pero que me dejen ahora vivir mi vida!

× ×

Lo mas probable es que llegue la conformidad con la nueva situación creada. Que nos veamos regularmente. Que yo tenga un poco más de calma para leer y trabajar, que me canse de esta tensión terrible y la ponga a Ella también entre "los enemigos del alma"...

1º de Agosto de 1937.

Ahora, ya pueden venir días amargos, días de sombras y de angustias...¡He tenido mi gran día de inesperada felicidad!

Y no es cierto que la felicidad nos haga crueles e indiferentes. ¡Nunca sentí con más fuerza el deseo de ser bueno, de hacer a todos los demás felices!

A nuestra vuelta, a la carrera, para llegar temprano a la Habana, detuve el automóvil a cada sospecha de que pudiera serle útil a otro. El vulgar camino — solo para mí interesante — es mucho menos frecuentado que la carretera central. Un "fordcito" como el mío se detuvo quién sabe por qué. Y allá me detuve, en demanda de si les había ocurrido algo...¡Para mí nunca hubo otro camino más largo, ni más misterioso, ni más digno de cuentos y leyendas! No sé cómo lo emprendí ni cómo regresamos. Un sol espléndido, un aguacero torrencial, nubes cegadoras, negrísimas, obscuridades repentinas, montañas y valles, pueblecitos de ensueño! Y allí, desde la terraza del castillo encantado, un mar glauco y desconocido, una humareda, un nenúfar... para cerrar el día sin tiempo, las horas sin minutos, con un suave crepúsculo rosa, sobre el horizonte nuevo. Todas las marquitas negras de la esfera del reloj, que para quitarnos límites temporales a nuestra felicidad habían huido hacia el mar, estaban allí, debajo de los espigones y sobre las rayas blanquecinas de las goletas de pescadores.

Renacer, renacer. Es hermoso volver así a la vida. ¿Qué importa todo lo sufrido? ¿O lo que nos espere? Mancamientos, limitaciones, timideces... Me parece que todo lo de ayer fue a medias, recortado por alguna sensación de empequeñecimiento.

Ayer, con todo imprevisto, en absoluta anonimidad, a ínfimo coste, sin un solo rayo de brillo exterior, sin charol ni barniz suntuario: todo de intimidades, de sed de bellezas, de ternura, de fusión en uno, me he sentido el Primer Hombre del Mundo, de todas las épocas y todos los lugares de la Tierra.

  Primero de Agosto.
   X X

     2 de agosto. 1937.
  Ocho de la mañana, ante mi mesa.
  Los libros sin leer, las revistas extranjeras, las cartas sin contestar, la hermosa vista desde esta ventanita junto a mi mesa (¡algo tendré también que echar de menos y recordar melancólicamente de este rincón!) y la incertidumbre de mi próximo paso: he aquí la realidad de hoy.
  No desespero, sin embargo. Aquí estoy. "Los otros" me miran con marcado recelo. Ya saben que habrá separación. Ya saben de mi próximo viaje. ¡Otra vez Cuba ajuera!
  Mañana sabré algo más seguro.
   X X

¡NO, NO!

Mercedes: «No, no, Luis! Tu deliras, sueñas, bromeas, ¡no!. ¿No comprendes que entre nosotros median muchos errores, muchos obstáculos: un abismo? ¿No comprendes que te debes a tu mujer, a tu hijo, a tu cargo de diplomático.? ¡No, no! Tonta de mí que he perdido el tiempo razonando lo evidente, tomando en serio lo que has dicho, sin oirte... no, no! No volvamos a hablar de esas locuras. Olvidemos que alguna vez nos hemos visto...»

Luis: «Tengo la más firma convicción que debo estar haciendo ante tus terribles ojos un papel horriblemente ridículo... que la realidad habrá de enfriar mi entusiasmo, ¡sí! Ya ves que me domino, pero el deseo me devora, Mercedes, me enloquece, me hace enmudecer [...] Ha pasado un día, dos, ha pasado una semana, he vuelto a poseerte sin que yo asistiera por completo a tu posesión... y en mi imaginación los deseos han ido agigantándose, tu cuerpo ha ido apoderándose de todos mis sentidos, el recuerdo de tus ojos y tu boca, tus besos, tus abrazos, tus sonrisas... ha ido apoderándose de mis ideas... Oh! Ya eres mi obsesión y te sufro con dolorosa rabia!... La idea de que he dejarte ahora, ahora que empezaba a conocerte, me obscurece la razón... no sé qué estoy dispuesto a hacer para continuar este ensueño un día!»

Mercedes: «Calla...»

(*Liberta,* 1911)

CEGUERA DE AMOR

Si Josefina pudo haber visto en José Antonio la figura del padre desaparecido, José Antonio la percibe a ella, en un curioso intercambio de roles, como hija y como madre al mismo tiempo: *«Podría ser descansadamente hija mía y me hace sentir niño a su lado»*. Ramos rejuvenece, vuelve a la infancia junto a ella. En el cansancio infinito que siente de su propia vida de incansable actividad intelectual parece encontrar un regazo donde apoyar su frente y descansar al fin de todos sus agobios y problemas. ¿Será esta presencia materna que percibe en Josefina el comienzo de un renacimiento espiritual?

Sin embargo, a pesar de lo que acabamos de decir en el párrafo anterior, estos días parecen ser un vértigo para él, constituyendo un paréntesis en el que distanciándose de sí mismo se convierte en su observador mental. Se ve personificado en dos Egos: el de ayer y el de hoy, en una dicotomía que quizás le acompañará desde este momento en adelante, disociación de la personalidad que parece imposibilitarlo a un retorno a su unidad. Me pregunto si este estado del yo dividido que ahora contemplamos se habrá extendido durante el tiempo que le quedaba por vivir. A ella la coloca en el medio de ambos Egos. Ni con uno ni con el otro. Como la línea divisoria de una continuidad quebrada para siempre. Los días se le escapan en su compañía y como tratando de justificase a sí mismo intenta explicarse y convencerse de que no se recrimina por el tiempo que emplea en ser feliz y aunque no huye, según él mismo afirma, se confiesa su preocupación por el futuro. Y cuando dirige su mirada a su mesa de trabajo donde se acumulan cartas y papeles no puede menos que entristecerse. Y se sigue debatiendo en la dialéctica imaginaria entre los dos Egos. El de ayer era más consciente y tolerante, y atisba desde lejos al de hoy, entregado al **Nirvana** de un tardío despertar sexual. Todo se le ha vuelto deseo volviendo patas arriba su organizada vida. Y nos la describe a ella física y síquicamente, y se propone que termine el bachillerato y estudie una carrera en la universidad en planes de desarrollar un brillante futuro, como lo haría un padre con su hija, para lograr su independencia económica. Es curioso observar como un hombre de la inteligencia de Ramos puede llegar a estos razonamientos dejándo al descubierto ante nosotros la difícil situación que vive. Aparenta existir aquí en un plano de sombras que le impiden la visión clara de las cosas. Pero todo esto no es más que la consecuencia inmediata de un amor incontenible y como tal hay que tomarlo. (YGM)

SPOONING

Está claro: es Mercedes Morel. Por eso afirma que tiene que *«compensar la incomprensión de su casa y de la sociedad en general, hacia las mujeres de su tipo»* que *«cuando se satisface lo deja sentir»*. De 1911 a 1937 hay un salto en el tiempo, pero es la misma, decidida a escoger y no a que la escojan. Y ese atrevimiento lo seduce, compartiendo mitad y mitad de la culpa, de la responsabilidad. Trasciende aquí el cinismo de **Cuando el amor muere...**, esa comedia de la infidelidad que nunca llegó a terminar quizás para no hacer más explícitos esos *«procesos eróticos»* de la alta burguesía que Ramos acompañaba de una actitud crítica y a veces cínica; crítica también al contraponer los desparpajos de la conducta masculina frente a las represiones que se le presentaban a la mujer, mezclando sentimientos de culpa por cometer el pecado y, en caso de abstinencia, masturbación; y de culpabilidad también por no haberlo cometido. Ramos va de la lectura entre líneas a lo explícito, y como cierta tomamos la narración del **Diario**, aunque no sabemos lo que no se dice.

Paradójicamente, ahora que se ha corporeizado la mujer que ha creado a través del texto, puede «escribirla» nuevamente. Tiene la modelo ante sí, pero no logra captarla en escena, y su Elsa Rohner de **FU-3001**, la mujer nueva sin cortapisas de ningún tipo, creada en 1944 después del ardiente verano de 1937, no es más que una pálida copia de todas sus protagonistas, de la propia J. de C, como si para el escritor el amor fuera un sueño de Eros: lo que se nos escapa es lo que siempre permanece.

Claro está que estas cosas no se hacen sin la vigilancia del Ego anterior, el dedo acusador del otro lado de Freud, según cuenta el autor-protagonista. Sabe que está haciendo «algo malo», que es un hombre casado engañando a su mujer con una jovencita, y entra el juego entre el Ego y el Super Ego, el instinto y la razón, en contrapunto. Amar es la pasión del desconocimiento que quema a veces en la zozobra destructiva de los celos. Pero el acierto del ***Diario*** está en el planteamiento de este diálogo por el que pasa su conciencia y su instinto. Seguimos la acción con conciencia «vouyerística» y no tenemos la culpa que el escritor se dejara ver en el acto del *«spooning»*, y que en aquel momento del deseo, de la caricia en el *«fordcito»*, se liberara del *«feeling of inferiority»* y se dejaran escuchar los altibajos del orgasmo de dos criaturas de carne y hueso que escuchamos todavía. ¿Profanación? ¿Transgresión de la memoria del escritor ético vuelto ahora memoria carnal? No, al contrario, supervivencia del deseo en el texto. Todo muy cubano, además, con su toque «anglo» de «mate» *(«spooning»)* en el *«fordcito»*, casi a lo Scott Fitzgerald, porque, después de todo, Ramos también había vivido en los Estados Unidos y era el mejor conocedor, en su tiempo y hasta mucho después, de la literatura norteamericana. No creo, además, que viole secretos de ultratumba, porque J de C, su «free spirit», decidió compartirlos con nosotros, y nosotros con ustedes, en una vivencia permanente acorde con su temperamento a lo Mercedes Morel.

Lo que no deja de llamar la atención es este subterfugio del subconsciente que lo lleva al uso del inglés en los momentos más íntimos, en una especie de americanización del deseo. ¿Máscara de la culpa? No sabemos. Obviamente, no es la primera aventura pero esta es diferente y adquiere una naturaleza más compleja, llevándolo a otros razonamientos. ¿Y que es lo que se *«propone hacer... en cínico»*? Lo cierto es que el Nuevo Ego se opone al Viejo Ego, y en estos atardeceres de Arroyo Naranjo la Etica besa a Venus como si los estuviera pintando Veronés (MMH)

DICOTOMÍA PICTÓRICA

Matías parece olvidar aquí al exponer su argumento de la forma apasionada en que lo hace, que la Etica en este caso, distaba mucho de representar a Ramos en estos momentos y es imposible identificarlo con el apuesto y joven Adonis que pintara Veronés en su famoso lienzo *Venus y Adonis*. Al superponer el cuadro del pintor italiano, a la situación descrita por Ramos, crea una confusión que no hace más que desvirtuar el maravilloso original de Veronés. Ante esta secuencia de las confesiones de Ramos en su **Diario**, el cuadro que viene a mi imaginación es el de René Magritte titulado *La Reproduction Interdit* en el que la imagen del hombre que nos devuelve el espejo es exactamente la misma del hombre de espaldas a nosotros frente a la luna del esmerilado cristal. En el momento de «infatuation» que vive el amante, por un misterioso proceso interior es incapaz de ver su propia imagen de frente y se da la espalda a sí mismo. Es como si tuviera conciencia de que de ahora en adelante, va a comenzar un proceso de desconocimiento de sí mismo, como si comenzara un des-ser para ser otro. Momento de una dicotomía existencial de la que parece no poder liberarse y ante la cual se siente obligado a buscar constantemente nuevas soluciones para restaurar la unidad y equilibrio necesarios para seguir viviendo. (YGM)

SUBCONSCIENTE DE LA HUIDA

22 de julio, 1937

Ayer tarde hemos paseado por esos estupendos caminos de Vento y Santiago. Muchos miles de besos por kilómetros. Planes. Aclaraciones de cada cual. Sinceración ingenua...

Pero mi mesa presenta esta mañana bellísima un aspecto amenazador. Se acumulan los libros y revistas sin abrir, cobran relieve los días perdidos en la memoria, y le disputan lugar al recuerdo de los paseos, de las promesas, de los besos...

Me asusto. Me asusto por mí y por Ella. Tampoco está haciendo gran cosa en estos días. El lunes se sintió enferma. El martes no nos vimos y a mi me arrastraron a un día de playa. Distracciones y más distracciones.

He llegado a la conclusión de siempre: que debo irme de Cuba. ¿Huida? Un poco.

Para una cosa o la otra, el hogar me pesa. Mi renuncia a Arroyo Naranjo me convenció de mi estado de felicidad y resultó incompatible con esta ilusión de «hogar» que por decoro y cobardía en partes iguales, estoy soportando hace tantos años. Pues nunca me ha parecido más difícil que en estos días la ruptura de los lazos de costumbre. Ahora veo que no es decoro mi cobardía sino hábito, cauce. El surco que cada día trazamos con nuestros actos, no con nuestros sentimientos ni con nuestros ideales. Mi surco es esta casa, estos libros, esta familia. Y nunca más que ahora, después de su triunfo de <u>ellos</u> en arrancarme de Arroyo Naranjo, se presentaron tan mansos, tan suaves...

***

Pero mi nueva complicación sentimental me apremia. Me horroriza pensar en la adquisición del nuevo «hábito», con Ella de amante o de novia, vista ahora y luego en breves instantes de amor... ¿amor? De lujuria, para no eufemizar la realidad.

Quiero empezar a hacer algo. Ayer hice una pequeña diligencia para obtener mi envío fuera de Cuba: otra vez a Veracruz. No me dio resultado. Mañana insistiré. Desde Veracruz, ya rota la maraña de la costumbre, podré solicitar mi libertad legal.

Estaré lejos, por lo menos.

Aquí, expuesto a las explosiones sentimentales, a los dramatismos, sé que no haré nada. Ni creo que la oportunidad de una ruptura habrá de presentarse. Por los demás: ¡sería demasiado cruel no solo para la madre sino para mi pobre hijo, que bastante mal parece haber curado de sus traumas infantiles, causados por la misma desavenencia entre su madre y yo!

***

¡Si pudiera irme solo, por algún tiempo, a cualquier otro rincón de Cuba!

La Habana me molesta. Es una serie inacabable de juntas, banquetes, discursos, conferencias, compromisos...

¿Qué voy sacando yo de todo eso? Nombre, fama, admiradores, etc., me parece que tengo ya mucho más de lo que necesito para vivir «mi vida». Entonces, ¿qué? No cambio mi criterio: la gloria póstuma es la más cómoda. Que me lleven flores a la tumba o a la estatua; ¡pero que me dejen ahora vivir mi vida!

***

Lo más probable es que llegue la conformidad con la nueva situación creada. Que nos veamos regularmente. Que yo tenga un poco más de calma para leer y trabajar, que me canse de esta tensión terrible y la ponga a Ella también entre «los enemigos del alma»

LO QUE NO SE DIJO

Siempre el idealismo de Ramos se ha encontrado asediado por las realidades históricas de su tiempo. Su vida se desarrolla dentro del escenario histórico de la vida cubana que va de la Guerra de Independencia al machadato. A nivel internacional va a recibir tres impactos contradictorios: 1) el del «gran experimento», en palabras de Ramos, representado por el capitalismo y la democracia norteamericana; 2) el triunfo del marxismo en la Unión Soviética y las repercusiones del internacionalismo comunista; 3) el fascismo y su concepto del super-hombre, que acabará desencadenando la Segunda Guerra Mundial. De esta forma Ramos se queda corto para los marxistas y los demócratas: no está lo suficientemente «claro» ni para los unos ni para los otros. Después de todo, la historia de Cuba no ha sido para menos (para confundir a cualquiera) y no puede verse en los términos cavernícolas y dogmáticos de lo blanco y lo negro, y es por eso que al no poder ser encasillado, nos hace ver que sus contradicciones ideológicas son una máxima expresión de la libertad del intelecto. No sé si esta posición ha determinado cierta marginación frente a la monumentalidad de su trabajo, muy por encima de la obra de Mañach, para citar un caso, sin contar otros que no llegan a su altura ni remotamente, tanto a su izquierda como a su derecha, y que han tenido mejor suerte. Sus ideas se agitarán de un modo feroz, confuso, huracanado, desarticulado a veces, en el vórtice de estas realidades contradictorias.

Por debajo lo roe su angustia privada, su incógnita del *«entonces, ¿qué?»* Pero en esta confusión donde la ética está a veces en conflicto con el instinto, hombre martiano también, inclusive en este sentido, emerge la pregunta de qué es lo que va sacando de todo aquello. Porque para el ardiente verano de 1937 ya lo ha escrito casi todo. Acaba de publicar ***Caniquí*** ese mismo año y su última obra dramática, entre las más flojas, ***FU-3001***, aparecerá en 1944, donde planteará la duplicidad del hombre privado y el hombre público, quizás un subconsciente de doble identidad que tiene dos líneas telefónicas, una privada, para Mr. Hyde, y otra pública para el Dr. Jeckyll. La exaltación del Nuevo Ego no está a la altura de la producción creadora, la del Viejo Ego, más exigente inclusive cuando hubiera falta. O precisamente porque las había. Más implacable con sus personajes, como si en ellos se reflejara una conciencia de culpa.

Hay que reconocerlo, pero las satisfacciones eróticas de aquel verano y las que asumimos vinieran después (no tenemos el resto de su *Diario*) no corresponden con la de su producción intelectual. Quizás fuera porque no se puede estar en todas partes a la vez. Con esto, aclaremos, no queremos decir que una cosa vaya siempre con la otra, o se oponga, pero en el caso específico que tratamos no tenemos datos y no tenemos diario. Su trabajo, sin embargo, como bibliotecario va a ser intenso, ya que a partir de 1938 es nombrado en comisión para la dirección de la Biblioteca Nacional, en la que según sus biógrafos hizo un trabajo monumental y donde se pasaba la mayor parte del tiempo, con esa característica de trabajador compulsivo que parecía su sello de identidad más permanente. Hay, obviamente, una contradicción, un conflicto en el fondo mismo del amor y la lujuria, porque, ¿cómo era posible que ella estuviera entre *«los enemigos del alma»*?

En todo caso, en este 22 de julio de 1937 hay una especie de duda de bibliotecomanía, asustado ante libros y revistas acumuladas y sin abrir, en contraposición con besos que se dan y se reciben. El peso de las publicaciones parece caerle encima, inmovilizándolo. Los libros, por otra parte, tienen algo de naturaleza muerta. O un cuadro de Magritte, como diría Yara, visto el azul desde el interior de la ventana. Se establece un diálogo entre la lujuria de un quehacer cotidiano que interrumpe un quehacer intelectual de siempre; una costumbre por la otra, hábitos. Y la solución que se le ocurre, la escapatoria, es irse, irse de La Habana, irse de Cuba, y, además, irse solo, lo cual no deja de ser una contradicción. Porque, ¿de qué huye si lo tiene todo? Sin embargo, todos estos subterfugios de una conciencia que se intranquiliza no le servirán de mucho frente a las nuevas circunstancias. La realidad debió ser diferente. No es difícil sospecharlo, y aunque no sabemos lo que sucedió entre el 22 de julio y el 1ro. de agosto, no es muy difícil imaginarlo porque no escribió nada en su diario. Debió estar haciendo otra cosa. (MMH)

EL ARTE DE AMAR

La lucha entre los polos opuestos de su dicotomía continúa. Ramos parece haber perdido su unidad psíquica. De un lado los miles de besos; de otro, la visión amenazadora de la mesa de trabajo llena de cartas sin contestar, libros, revistas sin abrir. Y de nuevo surge el intenso deseo de huir de todo aquello. Su vida se ha convertido en **«hábito, cauce, surco»**. **«Mi surco es esta casa, estos libros, esta familia»**. Y él mismo se adelanta a nuestros pensamientos con el temor de volver a crear un nuevo **«hábito»**. Naturalmente, eso es lo que posiblemente sucederá. A este hábito, que ha creado a través de casi treinta años, le seguirá el nuevo, el que comienza a crear ahora, porque la vida es eso, **hábito, cauce , surco**. ¿No hacemos cada uno de nosotros nuestro propio surco; «al andar se hace camino», como nos dicen los famosos versos de Machado? El abandonará la senda que ha ido construyendo por años. ¿Cómo se sentirá tratando de llevar a la práctica un nuevo estado de vida? ¿Qué pensará cuando le falte lo que ha constituído su vida hasta este momento? **«Nunca me ha parecido más difícil que en estos días la ruptura de los lazos de costumbre»**, nos dice. Se encuentra entre la espada y la pared. De un lado eufórico como un adolescente enamorado, de otro, desesperado ante la situación que él mismo ha creado en el seno de su familia. El ha llevado una vida ordenada, de trabajo arduo, plena de actividades intelectuales, y de pronto, se ve colocado en medio de este ciclón sentimental inesperado que le va a ocasionar una verdadera recurva en su vida.

George Bataille comenta: «Desde los tiempos más remotos el trabajo introdujo un sosiego, a favor del cual el hombre cesaba de responder al impulso inmediato, que regía la violencia del deseo».(**El erotismo**). El trabajo es un elemento fundacional del hombre y Ramos lo sabe, por eso se debate en un mar de dudas. Y a la pregunta de si será amor lo que siente, con gran sinceridad se contesta, **«lujuria para no eufemizar la reali-**

dad». No podemos negar que es sincero y honesto consigo mismo.

Una distinción básica señalada por Eric Fromm en relación al amor, es la existente entre la experiencia inicial de «enamorarse» y la situación permanente de estar enamorado, afirmando que el amor erótico es la forma más engañosa de amor que existe. (***El arte de amar***). Lo curioso de esta secuencia del ***Diario*** es que Ramos afirma que lo que desea es irse solo. Parece estar exhausto del torbellino emocional que vive. Nos confiesa que lo que más desea es ***«calma para leer y trabajar»***, es decir, volver a sus hábitos de siempre, volver a su cauce, a su surco. Esto será inevitable. Pero de momento quiere librarse de la tensión en que vive. Su situación no puede ser más crítica. (YGM).

AQUELLA TARDE ANTES

(Mercedes: «Lo tengo en el fondo de mi conciencia, porque aquel acto fue un acto que no supe dominar; porque no fue mi voluntad ni su persuasión, sino la fatalidad lo que me empujó en sus brazos. Por seis meses, por un año, le estuve regateando besos que yo deseaba con toda mi alma, con todo mi ser; por un año estuve dominando los ímpetus locos que dentro de mí sentía, disfrazándolos con la máscara del falso pudor... Aquella tarde mi naturaleza se rebeló y se cobró con creces; sentí que estábamos solos, no allí, sino en el mundo; que todo lo bello, lo hermoso, lo grato de la creación era para nosotros, para hacernos felices con toda la felicidad de que sentí inundada mi alma... Me abrazó, lo besé... no sé más. Pídele cuenta a Dios si esto es pecado, porque toda la vida converge en este fin pecaminoso...»)

(Liberta**, 1911)

UN MAR GLAUCO EN EL CAMINO

1ro de Agosto de 1937

Ahora, ya pueden venir días amargos, días de sombras y de angustias... ¡He tenido mi gran día de inesperada felicidad!

Y no es cierto que la felicidad nos haga crueles e indiferentes. ¡Nunca sentí con más fuerza el deseo de ser bueno, de hacer a todos los demás felices!

A nuestra vuelta, a la carrera, para llegar temprano a la Habana, detuve el automóvil a cada sospecha de que pudiera serle útil a otro. El vulgar camino –sólo para mí interesante– es mucho menos frecuentado que la carretera central. Un «ford cito» como el mío se detuvo quién sabe por qué. Y allá me detuve, en demanda de si les había ocurrido algo... ¡Para mí nunca hubo otro camino más largo, ni más misterioso, ni más digno de cuentos y leyendas! No sé como lo emprendí ni como regresamos. Un sol espléndido, un aguacero torrencial, nubes cegadoras, negrísimas, obscuridades repentinas, montañas y valles, pueblecitos de ensueño. Y allá, desde la terraza del castillo encantado, un mar glauco y desconocido, una humareda, un vendabal... para cerrar el día sin tiempo, las horas sin minutos, con un suave crepúsculo rosa, sobre el horizonte nuevo. Todas las marquitas negras de la esfera del reloj, que para quitarnos límites temporales a nuestra felicidad habían huido hacia el mar, estaban allí, debajo de los espigones y sobre las rayas blanquecinas de las goletas de los pescadores.

Renacer, renacer. Es hermoso volver así a la vida. ¿Qué importa todo lo sufrido? ¡Y lo que nos espera! Mancamientos, limitaciones, timideces... Me parece que todo lo de ayer fue a medias, recortado por alguna sensación de empequeñecimiento.

Ayer, con todo imprevisto, en absoluta anonimidad, a ínfimo costo, sin un solo rasgo de brillo exterior, sin charol ni barniz suntuario: todo de intimidades, de sed de bellezas, de ternura, de fusión en uno, me he sentido el Primer Hombre del Mundo, de todas las épocas y todos los lugares de la tierra.

Primero de Agosto

EL CONCEPTO DEL SUPERHOMBRE

Hay que reconocerlo y estoy seguro que Ramos lo reconocerá: el amor no da, necesariamente, la mejor literatura. Y sin embargo... He aquí un hombre de cincuenta y dos años enamorado como un adolescente, creyéndose, nada más y nada menos, que es el Primer Hombre del Mundo, euforia de Superhombre, de Supermán. Sin empacho con su intimidad, y he ahí su belleza, se enfrenta a la mañana más bella de todas: sol espléndido, aguacero torrencial, nubes negras, nubes cegadoras, montañas, valles, castillo encantando y ¡mar glauco! Esto debe ser Nietzche y el concepto del superhombre. ¿Ridículo? Es posible, pero en ese momento él no se veía de ese modo. Amar es repetir lo mismo como si fuera algo nuevo. Era, verdaderamente, un romántico. Y un realista también, porque, ¿no es este precisamente el goce supremo del orgasmo cuando nos convertimos (los hombres) en el Primer Hombre del Mundo? Las mujeres, no sé (MMH).

ENTRE LA PLÉTORA Y EL DERRUMBE

El verdadero éxtasis amoroso se logra cuando tiene lugar una entrega total y absoluta en cuerpo y espíritu, por parte de los dos amantes, que no admite ninguna alteridad posible. Y si Ramos se siente el Primer Hombre del Mundo debe ser porque ha logrado con Josefina esa unidad amorosa que no todos llegan a alcanzar. Sin embargo, si como Ramos afirma en estas páginas del ***Diario***, nunca sintió con más fuerza el deseo de **hacer a todos los demás felices**, lo cierto es que en la realidad de estos días que vive en este torbellino emocional sucede todo lo contrario.

George Bataille relaciona la plétora sexual con la muerte. Es de sobra conocida la estrecha relación establecida entre Eros y Tánatos. «De la misma manera», nos dice Bataille, «que la violencia de la muerte derriba enteramente –definitivamente– el edificio de la vida, la violencia sexual derriba en un punto, por un tiempo, la estructura de ese edificio», añadiendo que hay ocasiones en que, «sin la evidencia de una transgresión, ya no se experimenta ese sentimiento de libertad que exige la plenitud de la realización sexual. De tal modo que una situación escabrosa le es a veces necesaria al espíritu hastiado para acceder al reflejo del disfrute final» (***El erotismo***). El «no cometerás adulterio» es el interdicto fundamental que ha transgredido Ramos en este momento y otros momentos de su vida, quizás en busca no sólo de aferrarse a la vida, sino de sentir ese sentimiento de libertad absoluta y total donde las ***«marquitas negras»*** de los límites temporales del reloj caen en el olvido y hay un período de tiempo en el que todo se olvida en ese camino ***«largo y misterioso» «digno de cuentos y leyendas»*** en un día de ***«horas sin minutos»***. Lenguaje (¿romántico?) que nos coloca en la irrealidad de una realidad común por muchos experimentada.

Tengo que confesar aquí que escribiendo estas líneas me siento en deuda con Josefina, que nos confió estas preciosas páginas que para ella significaban tanto, pero no puedo dejar de expresar mis más íntimos y sinceros pensamientos porque me traicionaría a mí misma y por extensión, al hacerlo traicionaría el sagrado concepto de la verdadera amistad. (YGM)

EL PRÓXIMO PASO

2 de agosto, 1937

Ocho de la mañana, ante mi mesa.

Los libros sin leer, las revistas extranjeras, las cartas sin contestar, la hermosa vista desde esta ventanita junto a mi mesa (¡algo tendré también que echar de menos y recordar melancólicamente de este rincón!) y la incertidumbre de mi próximo paso: he aquí la realidad de hoy.

No desespero, sin embargo. Aquí estoy. «Los otros» me miran con marcado recelo. Ya saben que habrá separación. Ya saben de mi próximo viaje. ¡Otra vez Cuba afuera!

Mañana sabré algo más seguro.

LA ESCALERA DE INCENDIOS

Es decir, el Ramos de los libros se encuentra interceptado de pronto por un Ramos de carne y hueso que trastoca el orden de cosas e introduce el caos de una existencia intelectualmente organizada. Es indiscutible que detrás de él, frente a la ventanita, está el cuerpo de J de C, segura de sí misma. Como él antes, planea la salida por la escalera de incendios, entre bambalinas, para no quemarse. Pero el fuego lo lleva consigo y ya no podrá irse solo, ni para Yucatán ni para Filadelfia. Además, no sabemos (por el texto) si ahora quiere irse solo o acompañado. Posiblemente acompañado. Pero de todas formas quiere irse para no darle frente a toda la situación, al realismo de causa y efecto de su pieza ibseniana donde todos los acontecimientos ocurridos (su matrimonio, su paternidad, su profesión, su ética y también «los otros») se encadenan en una nueva pieza, que es un drama de tesis, un personaje en contradicción (la contradicción de treinta años de matrimonio, o la lógica) que llevará a la escena del 29 de agosto (MMH)

LOS OTROS

De nuevo el intelectual que no puede evitar el sentimiento de culpa que se apodera de su ser al ver su mesa llena de trabajo acumulado. Entregado a su propio mundo interior, parece haber olvidado sus obligaciones habituales. A veces da la impresión de que lo rechaza, de que no quiere entregarse más a la tarea que por tantos años realizó. Y de pronto surge la presencia de *«los otros»*, su mujer y su hijo. Al calificarlos de este modo lo que hace es utilizar un estado de ánimo interior y exteriorizarlo en su discurso. Determina de esta manera la realidad de su existencia en relación con ellos. La definición no puede ser más excluyente. La unidad que representaban ha quedado rota estableciéndose el incremento de una distancia que irá en aumento. Acaba de exteriorizar a través del lenguaje la línea divisoria entre el yo y «los otros». De ahora en adelante ya no constituyen una unidad, sino dos entes completamente apartes. El desmantelamiento familiar se ha consumado.

A pesar de este desgajamiento del árbol familiar, reaparece en él, nuevamente, su deseo de huir, de dar la espalda a todo, de salir lo antes posible del atolladero en donde se ha metido. Este amor parece conducirlo al rechazo de los hábitos de su vida anterior. Si su relación con el mundo exterior estaba ya establecida a través de su productividad, ahora está posesionado por un sentimiento que lo inclina a todo lo contrario. (YGM).

EN EL FONDO DE LOS BAÚLES

Domingo 29 de agosto de 1937

Vía crucis.
Todo el día envasando libros, preparando la realización de la primera y más difícil parte del propuesto programa: la separación de vivienda.
Un alto a las ternuras, a los éxtasis, a las cartas balbucientes de pasión. Me siento como endurecido, un poco indiferente para Ella también.
Ya no es juego de amor.
Diplomáticamente, --«hipócritamente» que diría la madre— me estoy preparando para romper los lazos hogareños, los hábitos del convivir bajo el mismo techo con él, mi hijo!
¡Cuánto recuerdo, cuántas ilusiones del reciente pasado, destrozados con esta decisión! A cada rato, en la acomodación de los baúles y cajones para distribución de lo que he de llevarme y lo que he de dejar, me surjen visiones de mi soledad de Filadelfia, México y Veracruz, pensando en él y anhelando tenerlo a mi lado, hacerlo mi amigo, adentrarme en su alma. Mis cartas, regadas en el fondo de uno de los baúles, me devolvieron una a una esas emociones del pasado, cuando me hacía la ilusión de reconstruir mi hogar a base de su cariño, de su amistad... ¡Qué lejos está él de saber lo que sufrí esta tarde! Porque cuando llegó, de su Club Náutico, yo le hablé de todo... menos de mis emociones en el removido de esos objetos y recuerdos adscritos. Hablamos del baño, de la guerra de España...
¿Cómo entendernos? Imposible. La madre, muy agena a ello, desde luego, nos impide todo entendimiento racional, positivo... Y conscientemente vigila entre ambos, dispuesta a lanzar sus tremendas vibraciones emocionales, sus juicios cerrados, su in-

tolerable simplismo: el padre sin corazón, la mala mujer que le arrebata su esposo, el hijo abandonado, etc.

La tercera dimensión de este drama no está aún a su alcance. A sus 27 años mi hijo vive todavía en plena resistencia adolescente al dolor de vivir a pecho descubierto, a brazo partido con la Realidad. Su primer «desengaño» amoroso le costó tres o cuatro años de vacilaciones, de dudas. Fue el último en enterarse de que no era querido... Acaso sufra todavía.

Y su pusilanimidad es tal que calla, calla a toda costa. Mi ilusión de amistad, de camaradería, hace mucho tiempo que vino al suelo.

¿Cómo explicarle que J. de C. no es toda la razón de mi resuelta actitud disyuntiva?

Pienso escribirle una carta. La he empezado ya varias veces... Pero pienso también en lo que pude comprobar hoy: mis otras muchas cartas tiradas en el fondo de un baúl, en el garage, donde nunca se anda; mis otras muchas cartas leídas al llegar, de prisa, para enterarse de «lo actual», de lo «importante», y pasar a la carrera por todo lo demás, «las cosas del Viejo», la «literatura»...

Esto que hace que yo sufra hoy como un quemado, al más leve contacto de mis sentidos con la Realidad, será también «literatura» para él.

El, sin obligación de ninguna clase, soportó su casquivana noviecita por más de cuatro años... ¿por qué no había de seguir yo en este pasito? Al cabo, Mamy es Mamy. Es buena. Tiene siempre limpia la casa, listo el desayuno, calla si llego tarde, calla si aparece en el auto una horquilla o un pañuelo de mujer... ¿de qué me quejo? Soy un viejo presumido, sin derecho al amor, a la alegría, a la gloria de saberse o creerse querido: todo eso prescribió ya para mí: he aquí, probablemente, su juicio de hoy.

Por eso prefiero callar. Quizás no siga la proyectada carta.

***

Dentro de breves días estaré instalado en un par de cuartuchos, en una casa de vecindad: solo. Esta es mi última «confesión» en este rincón de Santa Alicia 7, en la loma de Chaple.

Entré a regañadientes. La renuncia forzada a Arroyo Naranjo, tanto o acaso más que J. de C. explica este desastre de ensayo. No recuerdo en este rincón un solo día de trabajo plenamente grato.

***

Entre mi pobre mujer [y] yo ya ha habido en estos días una larga serie de lamentables escenas, ensayos fallidos de diálogo. Quejas y recriminaciones. Está al tanto de mis relaciones con J. Y sabe también mucho de la vida de ella.

No nos entendemos, desde luego. Ella parece obedecer. Acepta que tengo que marcharme de Cuba, huir una vez más. Llora a cada contacto con el hecho brutal de que esto, esta casa nuestra, de treinta años, se viene abajo...

Sufre y me hace sufrir. Su queja, que ella endereza contra mí, es justa. Es contra la vida, contra su destino de niña mimada, de mujer bonita que fuera del hijo único –reduplicación mera de su yo, eje del mundo, su mundo –no recibió otra noción de sus relaciones con la Realidad.

***

Estoy estupidizado, atolondrado. Nunca me fue más detestable la oficina de nuestra Cancillería. Nunca me parece que se hicieron más diparates, [a pesar] de la buena fe que reconozco en sus jefes. Nunca me interesaron menos los negocios, en general, del gobierno y los gobernados. Mi falta de fe se ha acentuado con esta obsesión pasional. En un par de meses todo se me ha transformado, vuelto de pies a cabeza.

Ha de convenirme esta temporada de soledad.

Domingo 29 de agosto de 1937.

Vía crucis.

Todo el día envasando libros, preparando la realización de la primera y más difícil parte del propuesto programa: la separación de vivienda.

Un alto a las ternuras, a los éxtasis, a las cartas balbucientes de pasión. Me siento como endurecida, un poco indiferente para Ella también.

Ya no es juego de amor.

Diplomáticamente, "hipócritamente" que diría la madre ~~mía~~, me estoy preparando para romper los lazos hogareños, los hábitos del convivir bajo el mismo techo con ¡él, mi hijo!

¡Cuánto recuerdo, cuántas ilusiones del reciente pasado, destrozadas con esta decisión! A cada rato, en la acomodación de los baúles y cajones para distribución de lo que he de llevarme y lo que he de dejar, me surgen visiones de mi soledad de Filadelfia, México y Veracruz, pensando en él y anhelando tenerlo a mi lado, hacerlo mi amigo, adentrarme en su alma. Mis cartas, regadas en el fondo de uno de los baúles, me devolvieron una a una esas emociones del pasado, cuando me hacen la ilusión de reconstruir mi hogar a base de su cariño, de su amistad... ¡Qué lejos está él de saber lo que sufrí esta tarde! Porque cuando llegó, de su Club Náutico, yo le hablé de todo... menos de mis emociones en el remoquido de esos objetos y recuerdos adscritos. Hablamos del cine, de la guerra de España...

¿Cómo entendernos? Imposible. La madre, muy agena a ellos, desde luego, nos impide todo entendimiento racional, positivo. Inconscientemente vigila entre ambos, dispuesta a lanzar sus tremendas vibraciones emocionales, sus juicios cerrados, su intolerable simplismo: el padre sin corazón, la mala mujer que le arrebató su esposo, el hijo abandonado, etc.

La tercera dimensión de este drama no está aún a su alcance. A sus 27 años, mi hijo vive todavía en plena resistencia adolescente al dolor de vivir, a pechos descubiertos, a hago partido con la Realidad. Su primer "desengaño" amoroso le costó tres o cuatro años de vacilaciones, de dudas. Fue el último en enterarse de que no era querido... Acaso en parte todavía.

Y su pusilanimidad es tal que calla, calla a toda costa. Mi ilusión de amistad, de camaradería, hace mucho tiempo que vino al suelo.

¿Cómo explicarle que J. de C. no es toda la razón de mi resuelta actitud disgustiva?

Pienso escribirle una carta. La he empezado ya varias veces... Pero pienso también en lo que pude comprobar hoy: mis otras muchas cartas tiradas en el fondo de un baúl, en el garage, donde nunca se anda; mis otras muchas cartas leídas al llegar, de prisa, para enterarse de "lo actual", de "lo importante", y pasar a la carrera por todo lo demás, "las cosas del Viejo", la "literatura"...

Esto que hace que yo sufra hoy como un quemado, al más leve contacto de mis sentidos con la Realidad, será también "literatura" para él.

Él, sin obligación de ninguna clase, soportó su casquivana noviecita por más de cuatro años... ¿porqué no habría de seguir yo en este pisito? Al cabo, Mamy es Mamy. Es buena. Tiene siempre limpia la casa, listo el desayuno, calla si llego tarde, calla si aparece en el auto una horquilla o un pañuelo de mujer...

¿de qué me quejo? Soy un viejo presumido. Mi derecho al amor, a la alegría, a la gloria de saberse o creerse querido: todo eso prescribió ya para mí... he aquí, probablemente, su juicio de hoy.

Por eso prefiero callar. Quizás no siga la proyectada carta.

✓ ✗

Dentro de breves días estaré instalado en un par de cuartuchos, en una casa de vecindad: solo. Esta es mi última "confesión" en este rincón de Santa Alicia 7, en la loma de Chaple.

Entré a regañadientes. La renuncia forzada a Arroyo Naranjo, tanto, acaso más que J. de b. explica este desastre de ensayos. No recuerdo en este rincón un solo día de trabajo plenamente grato.

✓ ✗

Entre mi pobre mujer yo ha habido en estos días una larga serie de lamentables escenas, ensayos fallidos de diálogos. Quejas y recriminaciones. Está al tanto de mis relaciones con J. Y sabe también mucho de la vida de ella.

No nos entendemos, desde luego. Ella parece

obedecer. Acepta que tengo que marcharme de Cuba, huir una vez más. Llora a cada contacto con el hecho brutal de que esta, esta casa nuestra, de treinta años, se viene abajo...

Supe y me hace sufrir. Su queja, que ella endereza contra mí, es justa. Es contra la vida, contra su destino de niña mimada, de mujer bonita que fuera del hijo único —reduplicación mera de su yo, eje del mundo, su mundo— no recibió otra noción de sus relaciones con la Realidad.

× ×

Estoy estupidizado, atolondrado. Nunca me fue más detestable la oficina de nuestra Cancillería. Nunca me parece que se hicieron más disparates, a pesar de la buena fe que reconozco en sus jefes. Nunca me interesaron menos los negocios, en general, del gobierno y los gobernados. Mi falta de fe se ha acentuado con esta obsesión pasional. En un par de meses todo se me ha transformado, vuelto de pies a cabeza.

Ha de convenirme esta temporada de soledad.

× ×

2 de septiembre, 1937

Al poner la fecha me doy cuenta: hoy hace cuarenta y cinco años que murió mi padre. El recuerdo me anima; en vez de tristeza, revivo en la evocación de aquel hogar de mi infancia sus días de "insouciance", de inconsciente fe en la vida. Pero la cifra me anonada: ¡cuarenta y cinco años! ¿No es realmente mucho?

× ×

Es mi primera mañana, en mi nueva vida.

Estoy ante mi mesa: ¡de cara al sol! Estoy solo, en mi cuartucho de casa de vecindad, en mi refugio. Mi hijo y la madre están allá en su hotel. A ellos también les sabrá a primer tramo de un nuevo camino desconocido esta jornada. Me echarán de menos. ¡Yo también los echo de menos a ellos! Y ellos no tienen más que su pena. Yo tengo al sol, la brisa del Este, (que en la cueva de la loma de Chaple no veía sino en el moverse de las hojas de los árboles, a lo lejos) yo tengo la esperanza de reconstruir mi vida; ¡tengo el amor de una mujer buena, inteligente, apasionada! Tengo más que ellos. Y eso es lo que verdaderamente me entristece, porque soy incapaz de restablecer el equilibrio.

Reduciendo el problema a su aspecto hioerno, exclusivamente dramático del hoy, mi papel es feo: soy el padre, el esposo que abandonó su hogar...

Cuando pienso en mis veinte años de resistencia a este impulso, en mi prudencia para tomar decisión, se me borra toda auto-acusación de la conciencia. Por un capricho, por una "infatuation" no lo he hecho.

Acabo de releer algunas cartas de Ella, mi Lysis querida, mi Libertadora. "Tu hijo no nos comprenderá sino cuando ame a una mujer y se sienta amado por ella." Tiene razón. Entonces él me justificará.

Por lo demás, estoy empleando el mínimum de crueldad. Anoche fui a cenar con la madre. Y al despedirme, tuve un movimiento sincero de simpatía, sin lástima; de noble compenetración con su amargura. ¡No la sentía hace mucho tiempo!

Me propongo no herir su amor propio ante los demás, que es casi lo que más le duele.

Ahora no me siento en traición, al mismo tiempo con ella y con Lysis, como me sentía mien-

UN IBSEN DE CARNE Y HUESO

(D. Fernando: «¡Qué educación para nuestros hijos! ¿Qué cosa de bueno hubiéramos podido hacer con este desacuerdo tan profundo, tan espantoso, como si hablásemos dos idiomas distintos?» «¡No, no puedo más! Ya no me quejo... Era fatal que sucediese esto») (Tembladera, 1917)

Si bien Josefina de Cepeda ya ha sido escrita antes, también ya ha escrito todo lo demás: es decir, el conflicto familiar. Toda la obra de Ramos ha sido el escenario de una crisis familiar permanente. El matrimonio de Eugenio Ferrand en 1906 *(Almas rebeldes)* es un desastre. Aunque está casado con una buena mujer, no se entienden: Ferrand tiene que irse solo, abandonar a su hijo y renegar de su padre. Los Díaz al año siguiente *(Una bala perdida)*, se llevan peor todavía. A estos les sigue don Fernando Gonsálvez de la Rosa y doña Gabriela en 1908 *(La hidra)*, donde el primero es un libertino que, a consecuencia de las enfermedades venéreas adquiridas en su existencia prostibularia introduce las taras públicas en el seno de la existencia familiar. En *Liberta*, en 1911, ni la madre de Mercedes Morel ni su hermana tienen relaciones matrimoniales medianamente aceptables, basadas todas ellas en el abandono de la mujer por sus respectivos maridos, en medio de una sociedad hipócrita donde los hombres hacen lo que les da la gana, y cuya conducta Ramos fustiga una y otra vez. Sólo Mercedes, que tiene relaciones sexuales fuera del matrimonio, parece conocer lo que es el orgasmo. Y en 1911 (*Cuando el amor muere*) el adulterio forma parte del modo de vida de la alta burguesía habanera, llegándose a la cínica conclusión de que cuando el amor muere no pasa nada, lo cual lo llevará a decir algo parecido, tres décadas después, en *FU-3001*:

Ricardo: «Yo te confieso que las apariencias me condenan. Acabo de portarme mal contigo. Son mis hábitos malditos de don Juan tropical... Ya ves si soy sincero. La triste verdad es que los hombres, tan pronto disponemos de algún dinero y de una máquina de lujo, las mismas mujeres nos hacen el hábito de tratarlas de esta forma» (FU-3001, 1944)

Estamos ubicándonos por consiguiente en la primera década del siglo veinte, período de formación de su obra dramática en la cual el propio dramaturgo se casa con una mujer que es, básicamente, nuestro personaje ausente y el menos desarrollado en el **Diario**, visto más bien a través de la escena y textos marginales donde J. de C. es la protagonista, lo cual confirma otro abismo matrimonial: el del dramaturgo.

La exacta correlación cronológica entre realidad y ficción no la sabemos. Desconocemos cuando tuvo lugar el «cuando el amor muere» en la relación matrimonial de Ramos, aunque se deduce que esto ocurrió mucho antes de conocer a J de C. Vagamente se indica algo así como veinte años atrás. Sencillamente, no tenemos suficientes datos. Lo cierto es que para 1917 **(Tembladera)**, cuando ya lleva varios años de casado, el concepto del desastre ya está establecido en firme. J de C llegará a su vida unos veinte años después. En esta obra vuelve a tomar los arquetipos patriarcales y matriarcales de los Gonsálvez de la Rosa, y los hace añicos, incluyendo las relaciones entre padres y hijos. Tan es así que cuando en 1937 «caracteriza» a la madre de J de C, «toma como modelo» a la Maela de **Tembladera** y coloca a Josefina en el lugar de Isolina: el padre suicida que abandona a una hija, Josefina, cuya madre, buena pero de poquísimas entendederas, tiene preferencia por los hijos varones, sin comprenderla a ella. La falta de comunicación absoluta entre don Fernando (ahora convertido en un patriarca respetable y no un viejo degenerado como el de **La hidra**) llega a los extremos que anticipan el **Diario**: «¡Y pensar que he vivido a tu lado tantos años en la misma inteligencia, en-

tendiéndonos tan bien como en este momento!» Es decir, podemos verlo escénicamente: Ramos, frente a su esposa, se apodera del texto que escribió en 1917 y repite la escena veinte años después en un verano de 1937, según deducimos del **Diario: «*lamentables escenas, ensayos fallidos de diálogo, quejas, recriminaciones».** No es difícil tampoco ver a la esposa interpretando su papel: *«demasiado sabes tú cual ha sido mi vida: la de vivir para mi casa y mis hijos, maltratada y sopapeada por todos»; «eres un hipócrita y un desmemoriado, que a última hora tratas de ponerte a bien con Dios y tu conciencia...»* **(En las manos de Dios)**. No sabemos, no podemos saber, si las escenas fueron así o parecidas, no tenemos detalles, pero sí datos del **Diario**, pocos pero precisos. Ramos no trataría de ponerse a bien con Dios, pero sí con su conciencia. Puro Ibsen: teatro de causa y efecto cuya tesis se desmorona (o se confirma) cuando J de C entre en escena.

Ciertamente en este punto de la acción el conflicto se ha recrudecido teatralmente y para 1933 ***(En las manos de Dios)*** la desavenencia familiar tiene rasgos de la más absoluta intolerancia. El Dr. Prometeo le quita el manto de piedad con el que cubría el dolor materno de Maela haciendo de Mater Dolorosa, y Ramos presenta a su mujer (quiero decir, a la del Dr. Prometeo), a doña Caridad, como una criatura detestable, que realmente odia.

Además, la esperada llegada del hijo con el que quiere comunicarse, procedente de *su* Club Náutico, establece un distanciamiento que es paralelo al que existe entre el Dr. Prometeo y su hijo Elpidio que entra por su parte en escena acompañado de María del Pozo, la ***«novia casquivana»*** con la que su hijo (el de Ramos, no el del Dr. Prometeo) perdió cuatro años en las páginas del ***Diario***, y a quien posiblemente el subconsciente de Ramos (en el ***Diario***) hubiera querido envenenar porque veía en ella la personificación de la estupidez burguesa. Ciertamente, no lo hace como el Dr. Prometeo en escena, con una jeringuilla en la que le inocula un veneno. Allí está, junto a él la mujer nueva que se inventa el dramaturgo, María Lafuente, inteligente, agresiva y bella, que es su colaboradora más cercana y a la cual, naturalmente, su esposa (la de la obra) detesta: «*¡La 'mujer perfecta' de tu padre! Y se siente a esta distancia la frialdad de su alma... Es una mujer sin sangre, sin entrañas...*» **(En las manos de Dios)**. Por otra parte, es obvio que María del Pozo, la jovencita, es la doña Caridad que ha dejado de serlo. Representan lo mismo. Posiblemente la «niña mimada» del **Diario** con la que el dramaturgo se casa. Además, el Dr. Prometeo tiene la *«madurez vencida»* de un hombre de 58 años, y María Lafuente, la *«espléndida juventud»* de los 27, un año más joven que J de C cuando entra en escena, mientras que Elpidio, de 32 años, es cinco años mayor que el hijo de Ramos cuando el dramaturgo escribe el **Diario** cuatro años después de haber publicado la obra. Con una medida cronológica más razonable, la *«unión desigual»* entre el científico y la joven que bien puede ser su hija, no se consuma en la pieza dramática, ya que quien se queda con ella es el hijo. Naturalmente, toda esta «componenda» de mi parte, este montaje entre ficción y realidad, es una fantasía del que escribe, y una reiterpretación de circunstancias que pueden considerarse discutibles. Y sin embargo...

Hay que reconocer, en «defensa» de Ramos, que hay rasgos de autenticidad en la última parte de la carta, cuando se refiere a las últimas escenas con su esposa y a las circunstancias de su formación, la misma de su crítica demoledora sobre la educación en Cuba y en particular de la mujer: niña mimada, mujer bonita, hija de su padre. Simplificar la culpabilidad sería injusto. Ramos hace referencia al ayuno y la abstinencia, lo cual quiere decir (si tomamos lo que dice como verdad, como hemos tomado el resto) de que la cosa no era así como así, de caerle atrás a cualquier mujer que pasara por delante, de que en la vida real existía entre los dos un abismo hecho realidad durante un período de treinta años, pasado el cual hace su aparición, diremos en el tercer acto, la J de C que él había caracterizado antes. El reconoce su responsabilidad, su falla; pero también defiende su derecho a la felicidad.

¿No es esto lo que se llama nudo gordiano? (MMH)

UNA ACTITUD DISYUNTIVA

«Me siento como endurecido, un poco indiferente, para Ella también». Ramos, con su sinceridad habitual, no deja de sorprendernos con este comentario. ¿Cómo es posible que un hombre enamorado pueda reconocerse ***«endurecido»*** hacia la persona con la que intenta compartir el resto de sus días? Particularmente, en estos momentos en que esta relación comienza es difícil imaginar esta actitud en relación con el ser amado. Dedicado de inmediato a las actividades físicas tediosas y agotadoras que implica una mudada, su mente no cesa de cavilar en el paso que está dando y en las consecuencias del mismo. Haciendo *tabula rasa* de todos los seres que han compartido y compartirán su existencia de ahora en adelante, sólo una imagen permanece viva y presente en su mente en este momento crucial de su vida: la de su hijo. Sus deseos de acercamiento hacia él, frustrados a través del tiempo, debido tal vez a sus frecuentes ausencias en el extranjero, se van a dejar sentir ahora más que nunca

José Antonio Ramos desempeñó en un sinnúmero de ocasiones cargos diplomáticos en diferentes lugares: Madrid, Lisboa, Atenas, Génova, Estados Unidos, México. Sus ausencias se hicieron sentir, no me cabe duda, no sólo en su relación matrimonial, sino también en la vida de su hijo que quedaba al cuidado de su madre. Es natural que el hijo echara de menos a su padre y que como consecuencia de estas ausencias se sintiera alejado de él. Y cuando Ramos culpa a su mujer de este alejamiento entre él y su hijo no me parece justo. El joven está viviendo ahora el desmembramiento del hogar y el abandono de su madre por su padre. ¿Cómo se sentirá un buen hijo en esas circunstancias?. Si su hijo a los 27 años, como él mismo nos dice, es aún un adolescente que se resiste a aceptar la realidad de un desengaño amoroso, ¿no tendrá él alguna responsabilidad en el hecho de que el joven no ha madurado de acuerdo a su edad?. Ramos no parece darse cuenta de estos aspectos de su paternidad. El resultado inmediato de todo esto es que la carta que anhelaba escribir a su hijo al comienzo de sus comentarios del 29 de agosto de 1937, lamentablemente, no llega a materializarse.

Matías, ya lo he mencionado con anterioridad, hace un montaje excelente entre las obras de Ramos y los datos biográficos que él nos dejó en su **Diario**, conjugando literatura y vida convincentemente, lo que contradice una vez más su teoría inicial de que la literatura y la vida de su autor son dos cosas totalmente apartes una de otra. Sin embargo, me parece que Ramos quizás, debido a lo mucho que tenía que decir y a la cantidad de cosas que deseaba realizar en el período de tiempo de su existencia, se entregó a sus actividades intelectuales en cuerpo y alma, lo que le impidió desarrollar los lazos familiares con la profundidad y la ternura que la verdadera unión de una familia exige. Inmerso en su trabajo, ausente por sus actividades diplomáticas de su familia y de su hogar, no se dio cuenta del paso del tiempo y de que mientras desempeñaba sus funciones en el extranjero, y describía crisis familiares y existencias ajenas ficcionalizadas como si fueran propias, se le escapaba de entre las manos, inadvertidamente, el verdadero sentido de su propia vida. (YGM)

UNIDAD INDISOLUBLE E INTERCAMBIO DE ROLES

Sin embargo, aquí no termina todo. ¿Acaso Ramos ha incumplido sus deberes paternales en medida parecida a como han hecho sus propios personajes a los cuales ha resposabilizado tan duramente del desastre de la educación de los hijos? ¿En qué medida ha fracasado? En medio de baúles y cajones su conciencia hace el recuento, surgiendo las visiones de su *soledad* en Filadelfia, México y Veracruz en la cual no parece evocar la compañía sino sentir la separación, en particular del hijo, al que parece tenía presente a través de sus cartas. Pero, claro, sus cartas ponen en relieve la separación, la distancia entre ambos. Hay que tener en cuenta por otra parte que en las décadas de los veinte y de los treinta no se viajaba al extranjero como hoy día y que quizás la separación fuera profesionalmente inevitable, lo que algo tendría que ver también con *cuando el amor muere* porque si estaba solo esto quiere decir que necesitaba compañía, por muy vulgar que esto suene.

Para entender la sexualidad de Ramos, cuando menos teóricamente, hay que recorrer su obra y reconocer que para él no se trata de una relación circunscripta a la sexualidad, sino una comunión del dos en uno, en una misma carne que es también un mismo espíritu y una función racional comunicativa, pero que al mismo tiempo la plenitud de la sexualidad sólo se logra con la participación y satisfacción plena de la pareja, que cae dentro de las normas más estrictas del matrimonio cristiano en su más pura concepción evangélica y en plano total de igualdad, en todos sentidos, aunque para muchos ha sido todo lo contrario. Si esta unión en la conversión de una sola carne en un espíritu total no se logra en la relación matrimonial santificada por la iglesia, tiene lugar la crisis interna ya que, para conseguir tal propuesta, hay que romper con el vínculo que ha sido santificado. El hombre no debe estar solo (ni la mujer tampoco), porque la necesidad de compañía es una manifestación de los designios de Dios, que trasciende los límites de la sexualidad y la sensualidad, pero únicamente en una relación de igualdad es que esta totalidad tiene significado, como seguramente pensaba Ramos. Sin embargo, las contradicciones de la realidad creaban un conflicto de conciencia. De ahí su insistencia a través de sus personajes femeninos del derecho de la mujer a satisfacerse sexualmente. Es casi evidente que su situación matrimonial responde a este concepto unitivo, colocándolo Josefina de Cepeda en una encrucijada que sólo puede resolverse con el divorcio, sin que esto excluya un desequilibrio de toda su concepción personal de la conducta. Se trata de una unidad indisoluble que se rompe dentro de la praxis de una «unión» matrimonial imperfecta.

También hay que reconocer que la presencia de la esposa emerge en el *Diario* como ese personaje ausente, «la sombra», como diría Sánchez Varona en una de sus obras, que siempre acaba por estar presente, hasta el punto que, casi subrepticiamente va ocupando un papel cercano a lo protagónico, aunque, en este caso, no se lleva la obra. Por ello hay que poner límites a sus entradas y salidas porque no la conocemos salvo en la medida de nuestra imaginación. Yo la «veo» como una de esas heroínas de Sánchez Galárraga sin nada que hacer, nada que decir, que hace caer a Ramos en la trampa de sus propias noñerías, en las redes de los convencionalismos matrimoniales de la sociedad habanera de su época, como si fuera el protagonista de *La edad de la inocencia* de Edith Warthon, escritora norteamericana que mucho admiraba nuestro novelista. Pero, posiblemente, soy injusto, porque sabemos bien poco de ella.

Cuando escribe *FU-3001* va a tener lugar un cambio sorprendente. Para esa fecha, la modelo del «free spirit» que era Josefina de Cepeda, que tenía delante cuando la corporeiza en Elsa Rohmer, le sale una criatura falsa y acartonada: sin embargo, no le salía así cuando la modelo no estaba presente y se la imaginaba. Entonces la escribía de carne y hueso. Por otra parte, Tula, la legítima esposa del protagonista en esta obra, víctima de infinidad de trapisondas de su marido, es ahora la mujer intuitiva, sensible, refinada e inteligente, que en todos los textos anteriores llevaban al rechazo y la desavenencia conyugal por su conducta cavernícola. ¿Qué ha sucedido?

Ahora que no tiene lo que tuvo (su primera esposa), la escribe en la medida de lo que ya no está, y deja la puerta abierta a la opción de que así fuera «la sombra», tal y como era, pero que no supo ver antes.

Quizás todo lo contrario: es posible que J de C, que ha venido a ocupar el papel que tenía su primera esposa, se convierta en la modelo de su propia mujer porque ella, cuando hacía el papel de la «la otra», ya no existe. Un poco complicado, y si no se entiende el lector debe leerlo dos veces.

Si analizamos retrospectivamente los versos que le dedica Josefina a «el otro» (el hombre casado con el que tuvo relaciones amatorias), podemos decir que también ella ya estaba escribiendo a José Antonio cuando llena de sol la casa toda, de acuerdo con el poemario, y él trabaja con empeño en un mundo de papeles, mientras ella entretiene sus ocios con su piano y su bordado. En el poema «Cuadro» citado por Yara anteriormente, la relación ilícita entre Josefina y su amante adquiere las tonalidades de una felicidad cotidiana, reproduciendo una relación matrimonial paradisíaca. Tendrán que pasar unos cuantos años para que José Antonio se vuelva «el otro», mientras Josefina, legítimamente casada con el dramaturgo, deje de ser «la otra», porque en cierto sentido «la otra» es ahora la que fuera la legítima esposa de José Antonio.

De esta manera llegamos a un intercambio de roles entre los cuatro personajes de esta «historia de amor». Este intercambio de papeles es una pieza dramática que se le escapó al dramaturgo. (MMH).

LA PRIMERA MAÑANA DE UNA NUEVA VIDA

Ramos, 2 de septiembre, 1937

Al poner la fecha me doy cuenta: hoy hace cuarenta y cinco años que murió mi padre. El recuerdo me aniña; en vez de tristeza, revivo en la evocación de aquel hogar de mi infancia sus días de «insouciance», de inconsciente fe en la vida. Pero la cifra me anonada: ¡cuarenta y cinco años! ¿No es realmente mucho?

***

Es mi primera mañana, en mi nueva vida.

Estoy ante mi mesa, ¡de cara al sol! Estoy solo, en mi cuartucho de casa de vecindad, en mi refugio. Mi hijo y la madre están allá en su hotel. A ellos también les sabrá a primer tramo de un nuevo camino desconocido esta jornada. Me echarán de menos. ¡Yo también los echo de menos a ellos! Y ellos no tienen más que su pena. Yo tengo al sol, la brisa del Este (que en la cueva de la loma del Chaple no veía sino en el moverse de las hojas de los árboles, a lo lejos): yo tengo la esperanza de reconstruir mi vida: ¡tengo el amor de una mujer buena, inteligente, apasionada! Tengo más que ellos. Y eso es lo que verdaderamente me entristece, porque soy incapaz de restablecer el equilibrio.

Reduciendo el problema a su aspecto [...], exclusivamente dramático del hoy, mi papel es feo: soy el padre, el esposo que abandonó su hogar...

Cuando pienso en mis veinte años de resistencia a este impulso, en mi prudencia para tomar decisión, se me borra toda auto-acusación de la conciencia. Por un capricho, por una «infatuation» no lo he hecho.

Acabo de releer algunas cartas de Ella, mi Lysis querida, mi Libertadora. «Tu hijo no me comprenderá sino cuando ame a una mujer y se sienta amado por ella». Tiene razón. Entonces él me justificará.

Por lo demás, estoy empleando el mínimo de crueldad. Anoche fui a cenar con la madre. Y al despedirme, tuve un movimiento sincero de simpatía, sin lástima: de noble compenetración con su amargura. ¡No lo sentía hace mucho tiempo!

Me propongo no herir su amor propio ante los demás, que es casi lo que más me duele.

Ahora no me siento en traición, al mismo tiempo con ella y con Lysis, como me sentía mien...

«UNE MAISON DRESÉE AU COEUR»

Es cierto que el concepto del matrimonio en la obra literaria de José Antonio Ramos no es una relación circunscrita a la sexualidad, sino que abarca todos los niveles de la vida, pero me pregunto si Ramos vivía su vida practicando a pie juntillas los conceptos que dejaba expuestos en su literatura. No creo que esta situación haya sido llevada a ninguna de las obras de teatro de Ramos. Y yo me pregunto, ¿cuánta responsabilidad le toca a él en esa «unión matrimonial imperfecta», que es como la califica Matías, que Ramos vive con su mujer? Es evidente que parte de la culpa de esa imperfección le pertenece. El problema que se nos presenta con la esposa de Ramos en esta historia de amor y dolor es que ella escribió con su cuerpo su historia sin palabras y nos impidió llegar a conocer la totalidad de este momento que estos seres compartieron de una forma u otra. Su palabra la escuchamos indirectamente a través del discurso masculino del propio Ramos cuando en el epígrafe que titulamos «Subconsciente de la huida» nos dice que quiere huir para no estar *«expuesto a las explosiones sentimentales, a los dramatismos»*, por lo que deducimos, que a pesar de todo, ella no estaba de acuerdo con la separación.

Sin embargo, Ramos logra realizar la ruptura definitiva y establecer un espacio aparte, *«un cuartucho de casa de vecindad»*, con sabor a verdadero refugio: «Une maison dresée au coeur». Un espacio abierto a los aires de nuevos vientos inundado de sol y brisa del Este. Cuenta, además, con el amor de una buena mujer, según el mismo nos dice. Imágenes todas reveladoras del estado de su alma. Ya ha logrado el distanciamiento físico de *«los otros»*, pero al tratar de establecer un balance, un equilibrio entre la situación de él y la de ellos (su mujer y su hijo) que se encuentran solos en el hotel, nos confiesa la imposibilidad del empeño. La balanza se inclina, de acuerdo con él, indefectiblemente a su favor, a pesar del reconocimiento del «*feo*» papel que le ha tocado interpretar en este drama, pero reconoce que ellos están en posición de desventaja.

Aunque la amistad y el cariño me unen a Josefina no puedo dejar de considerar aquí, ya lo dije al principio, la situación de la mujer que fue la madre de su hijo y que compartió la vida del escritor durante treinta largos años.

Josefina, por su parte, en sus **Palabras en soledad** deja constancia de la felicidad que vive:

> Le tengo dicho al corazón que sueñe
> ahora que estás aquí,
> ahora que tú has venido y amaneces
> en todas mis mañanas. (23).

Una relación de treinta años se cierra, termina como un atardecer que entra de lleno en la noche absoluta de la ausencia, contrastando abruptamente con esta presencia repetida de amaneceres que inducen al sueño de una nueva vida.

Ramos se siente orgulloso, feliz, halagado («El Primer Hombre del Mundo») de su conquista. Sin embargo, él mismo nos conduce por su propia mano al análisis de su culpabilidad en ese mundo íntimo de su **Diario**, verdadero concierto a cuatro voces, dos presentes y otras dos ausentes, y, aunque parezca una contradicción, también presentes, en toda la extensión de estas breves páginas. Voces que nos incitan a estas meditaciones que venimos realizando.

Sabemos que el motivo principal del paso que José Antonio da en este punto de su existencia es el de su amor por Josefina, pero pensando profundamente en esta separación de su familia me atrevería a señalar otros factores que quizás contribuyeran también a hacerle tomar esta decisión. Ramos desarrollaba una labor proteica en su vida intelectual, entregado a un sinfín de actividades, escribiendo con la intensidad que él lo hacía, teatro, novelas, ensayos sociológicos, historiografías literarias; ejerciendo el periodismo y la biblioteconomía, ciencia en la que escribió el primer manual existente en Cuba y entregado a la catalogación de los libros de la Biblioteca de la Secretaría de

Estado a la que se le destinó en 1937. Las tablas de clasificación que él propuso en su Manual de Biblioteconomía y su trabajo clasificatorio fueron tan efectivas que se le designó mas tarde a realizar el mismo trabajo en la clasificación de los libros de la Biblioteca Nacional de Cuba.

Hombre preocupado, también, por su deseo renovador en los aspectos sociales y políticos de Cuba, mantenía, con apasionamiento, encontrados puntos de vista ideológicos con gran parte de los intelectuales de su generación. Su desesperación existencial ante un medio hostil que se resistía a las reformas que él proponía le exasperaban. Existía una batalla campal entre generaciones de diferentes ideologías en la que él participaba siempre en contra de todo tipo de ideas retrógradas establecidas. Hombre sensible, sentía la falta de reconocimiento por su labor intelectual, como él mismo deja señalado en su *Diario*. Todos estos factores creo contribuyeron de una forma u otra a que una vez más él fuera en contra del *establishment*, esta vez, en el terreno de su vida privada, quizás pensando que de esa forma rompería con todo y comenzaría un nuevo capítulo en su vida donde los personajes con los que tenía que lidiar, tanto en su hogar como en la palestra pública, desaparecerían. Y como si quisiera terminar con todo y con todos y necesitara un descanso total de todas sus ocupaciones, se encamina por los senderos de una nueva vida que comienza con tonalidades dolorosas, como si en ella vislumbrara una especie de oasis físico y espiritual junto a su Libertadora, como él llamara a Josefina. (YGM)

DE CARA AL SOL

El ***Diario de Ramos*** nos lleva al ojo del huracán de un conflicto familiar no menos intenso que aquellos desarrollados en su obra pero, ciertamente, más transido de emoción y de ternura. Las relaciones entre padre e hijos (particularmente las de ***Coaybay*** y ***Las impurezas de la realidad***) reviven en la realidad de su conflicto. No siempre Ramos se dejó llevar, en las páginas de sus novelas, por impulsos que lo desnudaran. Y aquí, en la intimidad, además de sus relaciones personales con su esposa y ***«su Lysis querida»***, lo vemos transido en su dolor de padre y de hijo. Como hijo, recuerda al padre el 2 de septiembre; como padre, se dirige al hijo el 29 de agosto. Estamos internamente en el vórtice de un amor paterno atormentado, que vive el «suspense» de ***La recurva***. Si Washington Mendoza le escribe al padre que no lo escucha, y Masito hace otra tanto con el padre que no lo entiende, en sus novelas, el Ramos de la realidad transcribe e invierte en los términos de su ***Diario***, la realidad de su ficción.

En toda su dramaturgia padres e hijos han estado separados por abismos de incomprensión y la vida no parece ser una excepción, cuando menos leyendo sus páginas del 29 de agosto. Aquí está la carta que no le escribió y el ***Diario*** que no sabemos si Héctor, el hijo, leyó alguna vez. La viñeta hace temblar en el tiempo al hombre de más de cincuenta años que se «aniña» en el hogar perdido en la memoria, paraíso de una inocencia que no se reconstruye en el hogar que él ha creado. Por otra parte, la ternura del padre le habla al hijo que no lo va a leer, soñando paternalmente en otras soledades. Esta imposibilidad de la comunicación dentro de la existencia familiar, este vacío, se reproduce en su obra una y otra vez, fija la mirada en la mítica paterna que cumplía sus cuarenta y cinco años de desaparecido aquel 2 de septiembre de 1937.

Ramos reconoce su papel en esa primera mañana de su nueva vida que se levanta sobre los escombros de un fracaso matrimonial. Reconoce también la fealdad que le toca interpretar, pero al mismo tiempo se reafirma en la decisión tomada después de veinte años de incomprensión. El fiscal que había en él también lo lleva al banquillo de los acusados, pero, de cara al sol, se absuelve. Sin contar que la falta de Ramos era, es, «práctica común». No olvidemos algo: esta historia de amor es también su *Vía crucis*, y una cosa vale tanto como la otra.

¿Entonces?¿Un hombre como los demás, haciendo lo mismo que ha criticado en los otros y aprovechándose, en particular, de las circunstancias que colocan a la mujer en una posición de desventaja? Porque también ha reconocido la presencia de una *«horquilla»* y *«pañuelo de mujer»* en el *«fordcito»*, no necesariamente de J de C. También esto sería simplificar demasiado, porque no sabemos hasta qué punto ha luchado él, o los intentos de acercamiento hacia su esposa. Esto confirma, después de todo, mi punto de vista: nadie conoce a nadie. Todas son hipótesis, ir por un espacio incierto de ficción a ficción, donde nunca llegaremos a conocer la vida íntima y secreta de cualquiera, de José Martí a José Antonio Ramos, aunque siempre podemos imaginarla.

Lo cierto parece ser, de acuerdo con el desarrollo cronológico de la acción, que cuando J de C llega a las páginas del *Diario* el abismo entre marido y mujer ya es un hecho. No se trata, ciertamente, de un *«infatuation»* (y nuevamente Ramos recurre al inglés para referirse a una circunstancia cubana) y es extraño que no utilice el término «midlife crisis», que quizás no estuviera de moda en el verano del 1937. Cuando Josefina se pone de pie y se le acerca, seguramente poemario en mano, le ofrece la manzana de Eva (o de la serpiente). Quizás no fuera así, pero no es difícil imaginarlo. Se trata de la construcción de personajes, de la invención real de su *«Lysis querida»*, que entra en escena en momentos decisivos del desenlace. (MMH)

PALABRAS EN SOLEDAD

En el año 1938 se casan José Antonio y Josefina. El poemario correspondiente a este momento es **Palabras en soledad, (1938-39)**, publicado en 1941. Es un libro signado por el dolor, ya que Josefina se enferma y tiene que ser recluída en un sanatorio. Allí, aún convaleciente, escribe en versos intimistas en el poema «Un extraño vivir»: « ¡Ya no hace sol! Cruzo las sombras/ desde un día sin ti, muerto en el tiempo». (15). Toda la luminosidad que acompañaba al amor en sus primeros poemarios desaparece para dar paso a las tinieblas. Es un momento de sufrimiento, pero el dolor nos conduce a descubrir el verdadero sentido de la vida, a penetrar en los secretos de la existencia y Josefina encuentra en el amor y en la lírica el sostén necesario para continuar viviendo. En el poema «Elegía de enferma» hace una apasionada declaración de sus sentimientos:

> Todavía tu amor semi estrenado
> ¡y yo casi desnuda de la vida!
> Doliéndome en sus restos más que nunca;
> Huyéndome, la vida!
> Todavía naciéndome el encanto de aprenderme
> Tus pasos y tus ojos,
> Tu palabra y el gesto de tus manos...
> Y naciendo yo misma de tus besos.
> Poniendo en el cuaderno de mis días,
> Con la letra más clara y más altiva:
> ¡Soy feliz! ¡Soy feliz!| (35)

A pesar de esta reafirmación del verso final, la voz lírica declara la imposibilidad de disfrutar a plenitud estos primeros días de dicha matrimonial adquiriendo sus versos una sinceridad profunda. Gana, además, en hondura espiritual, dejando constancia lírica de lo que representó este momento existencial para ella. Dentro de su dolencia la imagen del ser amado se superimpone y constituye un poderoso incentivo que la impulsa a través del amor a aferrarse a la vida. Su concentración fija en las sensaciones que le producen las acciones realizadas por el amado representan su universo, su razón de ser. Es el inicio de un renacimiento espiritual y físico, expresado en versos mucho más logrados que los de sus poemarios anteriores. Y es ella la que escribe ahora su sobrevivencia:

...iniciando el ritual de los adioses,
   buscando el tacto al borde de tu ausencia
   en la bruma caliente del pasado.
   Nada como esta muerte que padezco, ¡que no es toda
   la muerte! Pero duele
   con lo mismo que aquella da reposo: la Nada y el Olvido.
   ¡Nada podrán traerme tan amargo! Y por eso lo digo,
   a ti, que sabes.
   ¡A ti que estás viajando en mi tristeza
   como una rosa-luz de mi destino! (37)

Olvidándose de su aseveración de vida del párrafo anterior, la autora comienza una búsqueda física del amado en viaje retrospectivo hacia el pasado que termina, estableciendo un paralelismo entre dos tipos de muerte, la de su dolencia presente y la muerte auténtica. El dolor se refleja en la imagen del tránsito final y sus dos características esenciales, denominador común de ambas desapariciones. De esta forma abre una inquietante incógnita en el destinatario para casi de inmediato, ofrecernos a través de una imagen lírica «rosa-luz» identificada al amado, la sublimación del sufrimiento y la esperanza del término final de estos aciagos días.

Varios años después, María Luisa Ocampo, la amiga mexicana de José Antonio, a la que ya hemos mencionado anteriormente, vuelve a verlo con motivo de un viaje que hace a La Habana. De ese encuentro nos dice: «Aparentaba salud, se le veía en pleno dominio de sus facultades, impetuoso como siempre. Sostenía una lucha enconada con ciertos elementos de Cuba que no le reconocían sus méritos y el valor de su personalidad en la Dirección de la Biblioteca Nacional. Se sentía un poco herido, un poco desilusionado. El ambiente lo asfixiaba». Ella misma nos cuenta que una amiga común le pronosticó que ya no volvería a verlo pues sabía que sufría de presión muy alta y había tenido un amago de apoplejía. Su predicción se cumplió. José Antonio Ramos muere el 27 de agosto de 1946. (YGM)

PAISAJE DE EROS

Ramos, que es implacable con los personajes masculinos y su defensa a los derechos de la mujer, particularmente a niveles del deseo; cuya defensa se repite una y otra vez colocándola en un nivel intelectual y espiritual muy por encima a como hacían otros hombres de su tiempo; que la rechaza dentro de los estrechos límites de la vida doméstica; cuyos más auténticos personajes masculinos buscan en ella una compañera en la cual la experiencia física y la espiritual se integren en la más legítima unidad, se encontró en un vórtice donde la ética se debate con el deseo. Dramáticamente, Joaquín e Isolina en **Tembladera** es el caso más representativo. Sin embargo, Ramos se aproximó a esta unión casi en frío, como si evitara descubrir sus sentimientos al desnudar el alma de sus personajes, que casi establecen un distanciamiento corporal. Al eludir las expresiones sentimentales en escena, el lector se sorprende ante la felicidad inesperada en la que se explaya el primero de agosto y emerge el otro Ramos escapado del círculo vicioso de cada día por los caminos de un romanticismo del deseo. El escritor que se nos oculta en el ideario, en la lucha abstracta, teórica a veces, y cuyos caracteres se ven sometidos a las más duras responsabilidades cívicas, se presenta aquí en su desnuda intimidad, entregándose a la emoción de un día, de un momento, de un encuentro personal donde la silueta de su «Libertadora» emerge dentro de un nuevo paisaje. Eros lo reintegra al mundo, como había ocurrido antes en su ficción: Mariceli y Juan Antonio en **Caniquí**, Zoila y Masito en **Las impurezas de la realidad**. Se trata de un rescate mutuo entre la mujer y el hombre que forma parte también de la psiquis colectiva: sólo se puede encontrar lo mejor de uno mismo en la ética de la felicidad, que es la ética del amor: el deseo de ser bueno. No quiere esto decir que Ramos se santificara previamente. Esto no excluye que también se dejara arrastrar por un encuentro donde están latentes sus propios personajes femeninos: la mujer que ha estado creando y recreando, corporeizada ahora en la realidad. En el enigma del tránsito amoroso hay un camino secreto de largo recorrido; recorrido otras veces, lo hace en realidad por primera vez, convertido en paisaje de cuento y de leyenda que recorre aquel primero de agosto de 1937.

Intemporal, el paisaje concreto se diluye en muchas páginas del *Diario* en imágenes de luces y sombras, que corresponden a un estado emocional. Su viaje por los paisajes de la sexualidad es también una escapatoria hacia el mar, un renacimiento en el horizonte. Y la experiencia privada es un absoluto del YO romántico de Ramos, desnudo al fin, en comunicación con el mundo. Elemental, hecho de materias primas, es un hombre primigenio del todo, espacio y tiempo. La comunión de Eros es esencial en la mayor parte de sus obras, el agente inesperado donde se llega a la armonía y la solución del conflicto. Representa una apetencia de lo no conseguido, de lo inalcanzable, que configura en última instancia casi todos sus textos. El fracaso cívico lo lleva a encontrar la solución romántica que escapa a todos los aficionados a soluciones más concretas: la del materialismo objetivista burgués y la del marxismo. Todas las confusiones que emergen de los textos de Ramos se resuelven secretamente con la intervención del amor, y si no llega esta solución no se ha resuelto del todo. Es el propio autor interrogándose sobre el significado de todo lo demás, incluyendo las contradicciones de la vida habanera y cubana de su momento. Del callejón sin salida se sale por el amor, rescate de Eros mediante el cual renace en un absoluto que le era familiar: *«Primer Hombre del Mundo, de todas las épocas y de todos los lugares de la tierra»*. ¿*«Infatuation»*?¿Un *«infatuation»* del *«spooning»*? Quizás su Ego de aquel ardiente verano, primario, necesitara la falla de Eros para superar el *«feeling of inferiority»* de su Ego de Ayer, de la circunspección personificada. Su Ego con mayúscula, del que deja constancia en muchas páginas del *Diario*, renace en un parto de amor, vuelve a la vida que no había sido por una serie de castraciones del espíritu. Es la «fusión» erótica lo que lo devuelve a la condición primigenia. A nivel último, la fusión con J de C es un recorrido hacia atrás, un absoluto creador que trasciende el espacio y el tiempo (MMH)

PERFILES DEL SILENCIO

La llama en el mar es el título del último libro de poemas de Josefina de Cepeda, publicado en 1954. Su «llama», como la del famoso fraile carmelita, también la hiere a ella «......en el más profundo centro». Esa llama que ilumina y quema al mismo tiempo es el hondo sentimiento por el amado que ya no está, su memoria viva, la esencia de su ser. José Antonio ha cruzado la laguna Estigia. Ha pasado del ámbito del ser al del no ser. Y el mar se percibe como algo profundo, negro, absoluto y hondo como la muerte. Allí la voz poética, en esa línea divisoria que marca el mar, se coloca para interpelarlo:

> Di si te acercas a la costa oscura
> –olas de angustia, ronda que sisea
> un rumor de palabras naufragadas:
> agua de ausencia donde están flotando
> mis uñas pálidas
> y mis negras pestañas desprendidas–
>
> Mis manos en la orilla de alfileres
> Golpean, grito a grito, el imposible.
> Mis ojos van al aire, al salitre, a la nube.
> Miden la soledad, miden la espera.
> Llama en el mar alucinado. Isla.   (45)

Su poesía adquiere en la búsqueda del amado ausente una hondura misteriosa que se acentúa en ese cuestionamiento inicial que realiza tratando de encontrarlo. Los sustantivos *angustia* y *ausencia*, y el gerundio *naufragadas,* nos hablan del desastre en esas aguas donde ella parece también despedazarse.

Ni el tacto, ni la voz, ni la mirada pueden devolverlo a la vida. La impotencia del ser humano ante el inevitable acabamiento de la vida de un ser querido se hace presente a lo largo de todo

127

el poema. En la terrible «orilla de alfileres», se sitúa ella con un signo que actualiza el dolor lacerante de quien busca a gritos una respuesta, que es en realidad un imposible. De la desesperación de la búsqueda a la contemplación de los elementos y por último, a la realidad del vacío. Y viene aquí a mi mente el hermoso poema de Machado: «*¿Y ha de morir contigo el mundo mago...?*». Y somos testigos en este ámbito lírico, de la muerte del mundo de José Antonio y Josefina, del mundo común y, a la desesperada búsqueda que realiza ella con sus manos, su voz, sus ojos, encuentra una única respuesta: la soledad y en último término, la espera, una espera sin límites precisos, de la llegada de su propia hora definitiva. La imagen de la «llama», consumiéndose sola en medio de un océano sobrecogedor le sirve de cierre a la estrofa. Llama de significado polisémico, dolorosa llama que la consume. Dolor que se tiñe aquí de tintes luctuosos, profundamente negros.

En un poema escrito con posteriodad al anterior, «Perfiles del silencio», la desesperación parece haberse sosegado. El dolor internalizado es ahora una poderosa y profunda corriente subterránea que inunda la expresión poética:

>Perfiles del silencio
>En mi voz, en mi boca y en mis manos.
>Tú no partes, no viajas ni alteras mi coloquio.
>El viento que me azota no desprende tu arena.
>Ni ha medido mi sed.
>Tu recuerdo me enlaza
>Y me alcanza la angustia
>De esta hora sin rasgos en medio de la vida.
>Para que tú persistas yo me estoy sin morir.
>Aquí, en esta fijeza de pies
>Que ya no sienten el ansia del camino.
>¡Sabiendo que no vuelve lo que nunca se ha ido!
>Nada allega mi hora ni aplaza tu destino.
>Lo que esperas, espero.
>Así, también un día
>Se elevarán las aguas al nivel de mis ojos. (16)

Perder a un ser querido arrebatado por la muerte es enfrentarse a la ausencia y al vacío. Es palpar la inexorabilidad de la muerte. Es comprobar el poder disolvente de la temporalidad, como diría Sartre. No hay respuesta a nuestra voz ni al mundo gestual compartido. De un momento a otro, el plural de la existencia se convierte en una singularidad de difícil aceptación. El recuerdo nos aprisiona. Todo el universo familiar se desdibuja. Lo tangible se intangibiliza. Se borran rasgos y perfiles y ante la muerte, la lírica ofrece una salida al dolor. Una antinomia que permite trascender el momento y prolongar la vida, una forma de alteridad posible: «Para que tú persistas yo me estoy sin morir»… y la fijeza es ahora lo que se impone superando el proceso de destrucción a través del amor. Día llegará, y ella está consciente de ello, en que se realice el inevitable y definitivo encuentro con el amado.

Y como si José Antonio no quisiera dejarme terminar estas líneas sin hacer una última intervención, dirigida más a ella que a mi, vienen a mi mente las palabras finales de su novela ***Caniquí***: «Entremos con un beso sin palabras, sin amanecer, en lo eterno de la Noche» (YGM)

NOTAS BIO-BIBLIOGRÁFICAS

Josefina de Cepeda (1907). Nació en Placetas, Las Villas. Inició sus estudios de bachillerato en Holguín. En 1926 se graduó en la Escuela Normal de Kindergarten. Concluyó sus estudios de piano, teoría y solfeo en el Conservatorio Hubert de Blank en 1929. Trabajó durante veintiún años en la Escuela Anexa a la Normal. Fue directora y maestra de piano de la Academia de Artes e Idiomas del Círculo Cubano de Bellas Artes y directora de programas radiales. Dio recitales de poesía en el Círculo Cubano de Bellas Artes, Lyceum, Pro-Arte Musical, Conservatorio Orbón. En 1938 contrajo nupcias con José Antonio Ramos. Fue incluida por Juan Ramón Jiménez en la antología *La poesía cubana en 1936* y por Matilde Muñoz en *Antología de poetisas hispanoamericanas modernas*, publicada en España en 1946. Publicó los siguientes poemarios: *Grana y Armiño (1935), Versos (1936), Palabras en soledad, Poemas del sanatorio (1938-39)* y *La llama en el mar (1954)*. Sus poemas aparecieron en múltiples revistas en Cuba y en el extranjero, siendo traducidos al inglés, al alemán y al polaco.

José Antonio Ramos (1885). Nació en La Habana. Graduado del Seminario Diplomático y Consular, primero, y de Filosofía y Letras en la Universidad de La Habana, después, a los quince años trabajó como traductor de inglés y de mecanógrafo en el Departamento de Obras Públicas. Viaja a Paris en 1907. Regresa en 1909 y en 1910 es uno de los fundadores de la Sociedad Fomento del Teatro. Ingresa en la carrera consular en 1911, desempeñando cargos diplomáticos en Lisboa (1914), Veracruz (1917), Vigo (1918), Nueva York (1919), Atenas (1921) y Filadelfia (1922), donde permanece hasta 1932 en que es depuesto por el gobierno de Machado. En Filadelfia, además, fue profesor auxiliar de lengua española en la Universidad de Pennsylvania, completando estudios de literatura norteamericana y de técnica bibliotecaria. Después del machadato, es nombrado cónsul general en Génova y de ahí pasa a Veracruz. Laboró en la Secretaría de Estado, casándose con Josefina de Cepeda en 1938. Estuvo en comisión en la dirección de la Biblioteca Nacional (1938-1946), para la cual tradujo y adaptó las tablas de clasificación de Dewey. Al morir, en 1946, ostentaba el cargo de cónsul general de la República. Sus novelas incluyen *Humberto Fabra (1908), Coaybay (1926), Las impurezas de la realidad (1929), Caniquí (1936)*. Entre sus ensayos sobresalen: *Manual del perfecto fulanista (1916)* y *Panorama de la literatura norteamericana (1935)*. Publica también un manual de ciencias bibliotecarias en 1942. Sobresale, en particular, su obra como dramaturgo, de la que hay repetida mención en este libro, ya que se le considera el fundador del teatro cubano moderno, recibiendo en 1916-1917 el premio de la Academia Nacional de Artes y Letras por *Tembladera*.

OTROS LIBROS PUBLICADOS POR EDICIONES UNIVERSAL EN LA COLECCIÓN POLYMITA
(Crítica y ensayo)

CARLOS FUENTES Y LA DUALIDAD INTEGRAL MEXICANA, Alberto N. Pamies y Dean Berry
CUBA EN EL DESTIERRO DE JUAN J. REMOS, Josefina Inclán
JORGE MAÑACH Y SU GENERACIÓN EN LAS LETRAS CUBANAS, Andrés Valdespino
REALIDAD Y SUPRARREALIDAD EN LOS CUENTOS FANTÁSTICOS DE JORGE LUIS BORGES, Alberto C. Pérez
LA NUEVA NOVELA HISPANOAMERICANA Y TRES TRISTES TIGRES, José Sánchez-Boudy
EL INFORME SOBRE CIEGOS EN LA NOVELA DE ERNESTO SÁBATO «SOBRE HÉROES Y TUMBAS», Silvia Martínez Dacosta
CHARLAS LITERARIAS, Roberto Herrera
PABLO NERUDA Y EL MEMORIAL DE ISLA NEGRA, Luis F. González Cruz
PERSONA, VIDA Y MÁSCARA EN EL TEATRO CUBANO, Matías Montes-Huidobro
LUIS G. URBINA: SUS VERSOS (ENSAYO DE CRÍTICA), Gerardo Sáenz
ESTUDIO CRÍTICO HISTÓRICO DE LAS NOVELAS DE MANUEL GÁLVEZ, Joseph E. Puente
TEATRO EN VERSO DEL SIGLO XX. Manuel Laurentino Suárez
PANORAMA DEL CUENTO CUBANO, Berardo Valdés
AYAPÁ Y OTRAS OTÁN IYEBIYÉ DE LYDIA CABRERA, Josefina Inclán
LA NOVELA Y EL CUENTO PSICOLÓGICO DE MIGUEL DE CARRIÓN, Mirza L. González
IDEAS ESTÉTICAS Y POESÍA DE FERNANDO DE HERRERA, Violeta Montori de Gutiérrez
DOS ENSAYOS LITERARIOS, Silvia Martínez Dacosta
LA POESÍA DE AGUSTÍN ACOSTA, Aldo R. Forés

LA OBRA POÉTICA DE EMILIO BALLAGAS, Rogelio de la Torre
JOSÉ LEZAMA LIMA Y LA CRÍTICA ANAGÓGICA, Luis F. Fernández Sosa
PANORAMA DE LA NOVELA CUBANA DE LA REVOLUCIÓN, Ernesto Méndez Soto
BIBLIOGRAFÍA SOBRE EL PUNDONOR: TEATRO DEL SIGLO DE ORO, José A. Madrigal
REALISMO MÁGICO Y LO REAL MARAVILLOSO EN «EL REINO DE ESTE MUNDO» Y «EL SIGLO DE LAS LUCES» DE ALEJO CARPENTIER, Juan Barroso VIII
ARTE Y SOCIEDAD EN LAS NOVELAS DE CARLOS LOVEIRA, Sarah Márquez
NUESTRO GUSTAVO ADOLFO BÉCQUER (1870-1970), Grupo Coaybay
LA FLORIDA EN JUAN RAMÓN JIMÉNEZ, Ana Rosa Núñez
BAUDELAIRE (PSICOANÁLISIS E IMPOTENCIA), José Sánchez-Boudy
LA SERENIDAD EN LAS OBRAS DE EUGENIO FLORIT, Orlando E. Saa
TEATRO LÍRICO POPULAR DE CUBA, Edwin T. Tolón
EL MARQUES DE MANTUA, Hortensia Ruiz del Vizo
GUILLERMO CARRERA INFANTE Y TRES TRISTES TIGRES, Reynaldo L. Jiménez
LA POESÍA NEGRA DE JOSÉ SÁNCHEZ-BOUDY, René León
NOVELÍSTICA CUBANA DE LOS AÑOS 60, Gladys Zaldívar
ENRIQUE PIÑEYRO: SU VIDA Y SU OBRA, Gilberto Cancela
CUBA, EL LAUREL Y LA PALMA, Alberto Baeza Flores
LAS ANSIAS DE INFINITO EN LA AVELLANEDA, Florinda Álzaga
EL DESARRAIGO EN LAS NOVELAS DE ÁNGEL MARÍA DE LERA, Ellen Lismore Leeder
JORGE MAÑACH, MAESTRO DEL ENSAYO, Amalia de la Torre
LA ÉTICA JUDÍA Y LA CELESTINA COMO ALEGORÍA, Orlando Martínez Miller
DON JUAN EN EL TEATRO ESPAÑOL DEL SIGLO XX, María C. Dominicis
QUEVEDO, HOMBRE Y ESCRITOR EN CONFLICTO CON SU ÉPOCA, Ela Gómez-Quintero
JUEGOS DE VIDA Y MUERTE: EL SUICIDIO EN LA NOVELA GALDOSIANA, Serafín Alemán
HOMBRES DE MAÍZ: UNIDAD Y SENTIDO A TRAVÉS DE SUS SÍMBOLOS MITOLÓGICOS, Emilio F. García
HEREDIA Y LA LIBERTAD, Julio Garcerán

POESÍA EN JOSÉ MARTÍ, JUAN RAMÓN JIMÉNEZ, ALFONSO REYES, FEDERICO GARCÍA LORCA Y PABLO NERUDA, Eugenio Florit
JUSTO SIERRA Y EL MAR, Ellen Lismore Leeder
JOSÉ LEZAMA LIMA; TEXTOS CRÍTICOS, Justo C. Ulloa, editor
JULIÁN DEL CASAL: ESTUDIO COMPARATIVO DE PROSA Y POESÍA, Luis F. Clay Méndez
LA PÍCARA Y LA DAMA, Mireya Pérez-Erdelyi
LA EVOLUCIÓN LITERARIA DE JUAN GOYTISOLO, Héctor R. Romero
HOMENAJE A GERTRUDIS GÓMEZ DE AVELLANEDA, Rosa M. Cabrera y Gladys Zaldívar
JOSÉ REVUELTAS: EL SOLITARIO SOLIDARIO, Marilyn R. Frankenthaler
NOVELÍSTICA CUBANA DE LA REVOLUCIÓN (1959-1975), Antonio A. Fernández Vázquez
LA OBRA NARRATIVA DE CARLOS MONTENEGRO, Enrique J. Pujals
FEMENISMO ANTE EL FRANQUISMO, Linda G. Levine & Gloria F. Waldman
LO CHINO EN EL HABLA CUBANA, Beatriz Varela,
HISTORIA DE LA LITERATURA CATALANA, Juan V. Solanas
ANÁLISIS E INTERPRETACIÓN DE DON JUAN DE CASTRO DE LOPE DE VEGA, Antonio González
LEZAMA LIMA: PEREGRINO INMÓVIL, Álvaro de Villa y José Sánchez-Boudy
NUEVAS TENDENCIAS EN EL TEATRO ESPAÑOL (NATELLA-NIEVA Y RUIBAL), Anje C. Van der Naald
EL MUNDO DE MACONDO EN LA OBRA DE GABRIEL GARCÍA MÁRQUEZ, Olga Carrera González
LA PROBLEMÁTICA PSICO-SOCIAL Y SU CORRELACIÓN LINGÜÍSTICA EN LAS NOVELAS DE JORGE ICAZA, Anthony J. Vetrano
LA TEMÁTICA NARRATIVA DE SEVERO SARDUY, José Sánchez-Boudy
THE STRUCTURE OF THE ROMAN DE THEBES, Mary Paschal
JULIÁN DEL CASAL, ESTUDIOS CRÍTICOS SOBRE SU OBRA, Varios autores
ÍNDICE BIBLIOGRÁFICO DE AUTORES CUBANOS (DIÁSPORA 1959-1979), José B. Fernández,
CARMEN CONDE Y EL MAR/CARMEN CONDE AND THE SEA, Josefina Inclán

ORÍGENES DEL COSTUMBRISMO ÉTICO SOCIAL. ADDISON Y STEELE: ANTECEDENTES DEL ARTÍCULO COSTUMBRISTA ESPAÑOL Y ARGENTINO, Gioconda Marún
JUEGOS SICOLÓGICOS EN LA NARRATIVA DE MARIO VARGAS LLOSA, María L. Rodríguez Lee
LA NARRATIVA DE LUIS MARTÍN SANTOS A LA LUZ DE LA PSICOLOGÍA, Esperanza G. Saludes
NUEVAS PERSPECTIVAS SOBRE LA GENERACIÓN DEL 27, Héctor R.Romero
LA DECADENCIA DE LA FAMILIA ARISTOCRÁTICA Y SU REFLEJO EN LA NOVELA ESPAÑOLA MODERNA, Heriberto del Porto
EL BOSQUE INDOMADO...DONDE CHILLA EL OBSCENO PÁJARO DE LA NOCHE, Josefina A. Pujals
EL INDIO PAMPERO EN LA LITERATURA GAUCHESCA, Conrado Almiñaque
LA CRÍTICA LITERARIA EN LA OBRA DE GABRIELA MISTRAL, Onilda A. Jiménez
LA NARRATIVA DE JOSÉ SÁNCHEZ-BOUDY (TRAGEDIA Y FOLKLORE) Laurentino Suárez
HISTORIA, ÍNDICE Y PRÓLOGO DE LA REVISTA «LA PALABRA Y EL HOMBRE» (1957-1970), Samuel Argüez
JORGE LUIS BORGES Y LA FICCIÓN: EL CONOCIMIENTO COMO INVENCIÓN, Carmen del Río
SOCIEDAD Y TIPOS EN LAS NOVELAS DE RAMÓN MEZA Y SUÁREZ INCLÁN, Manuel A. González
ENSAYO SOBRE EL SITIO DE NADIE DE HILDA PERERA, Florinda Álzaga
ESTUDIO ETIMOLÓGICO Y SEMÁNTICO DEL VOCABULARIO CONTENIDO EN LOS LUCIDARIOS ESPAÑOLES, Gabriel de los Reyes
ANÁLISIS ARQUETÍPICO, MÍTICO Y SIMBOLÓGICO DE PEDRO PÁRAMO, Nicolás E. Alvarez
EL SALVAJE Y LA MITOLOGÍA: EL ARTE Y LA RELIGIÓN, José A. Madrigal
POESÍA Y POETAS (ENSAYOS TÉCNICOS-LITERARIOS), Luis Mario
PLÁCIDO, POETA SOCIAL Y POLÍTICO, Jorge Castellanos
EDUARDO MALLEA ANTE LA CRITICA, Myron I. Lichtblay, editor
LA ESTRUCTURA MÍTICA DEL POPUL VUH, Alfonso Rodríguez

TIERRA, MAR Y CIELO EN LA POESÍA DE EUGENIO FLORIT, María C. Collins
LA OBRA POÉTICA DE EUGENIO FLORIT, Mary Vega de Febles
LA EMIGRACIÓN Y EL EXILIO EN LA LITERATURA HISPÁNICA DEL SIGLO VEINTE, Myron I. Lichtblau
VIDA Y CULTURA SEFARDITA EN LOS POEMAS DE «LA VARA», Berta Savariego & José Sánchez-Boudy
HISTORIA DE LA LITERATURA CUBANA EN EL EXILIO, VOL. I, José Sánchez-Boudy
EL PLEYTO Y QUERELLA DE LOS GUAJALOTES: UN ESTUDIO, Gerardo Sáenz
EL OBSCENO PÁJARO DE LA NOCHE: EJERCICIO DE CREACIÓN, María del C. Cerezo
VIDA Y MEMORIAS DE CARLOS MONTENEGRO, Enrique J. Pujals
TEORÍA CUENTÍSTICA DEL SIGLO XX, Catharina V. de Vallejo
RAYUELA Y LA CREATIVIDAD ARTÍSTICA, Myron Lichtblau
LA COSMOVISIÓN POÉTICA DE JOSÉ LEZAMA LIMA EN «PARADISO» Y «OPPIANO LICARIO», Alina Camacho-Gingerich
LA INTUICIÓN POÉTICA Y LA METÁFORA CREATIVA EN LAS ESTRUCTURAS ESTÉTICAS DE E. BALLAGAS, L. CERNUDA, V. ALEIXANDRE, Israel Rodríguez,
LA ESCRITORA HISPÁNICA, Nora Erro-Orthmann & Juan Cruz Mendizábal
ES HEREDIA EL PRIMER ESCRITOR ROMÁNTICO EN LENGUA ESPAÑOLA?, Ángel Aparicio Laurencio
TRES VISIONES DEL AMOR EN LA OBRA DE JOSÉ MARTÍ, Louis Pujol
ANACRONISMOS DE LA NUEVA LITERATURA HISPANOAMERICANA, Arthur A. Natella
MODALIDADES DEL CASO Y EL PROCESO JURÍDICO EN EL TEATRO HISPANOAMERICANO, Teresa Rodríguez Bolet
AGUSTÍN ACOSTA (EL MODERNISTA Y SU ISLA), María Capote
LA PREFIGURACIÓN COMO RECURSO ESTILÍSTICO EN «AMALIA», Héctor P. Márquez
EL HOMBRE Y LAS METÁFORAS DE DIOS EN LA LITERATURA HISPANOAMERICANA, Israel Rodríguez
EL COSMOS DE LYDIA CABRERA, Mariela Gutiérrez
HUELLAS DE LA ÉPICA CLÁSICA Y RENACENTISTA EN «LA ARAUCANA» DE ERCILLA, María Vega de Febles

LOS ESPACIOS EN JUAN RULFO, Francisco Antolín
CIENCIA Y ARTE DEL VERSO CASTELLANO, Luis Mario
MENSAJE Y VIGENCIA DE JOSÉ ENRIQUE RODÓ, Orlando Gómez-Gil
SEIS APROXIMACIONES A LA POESÍA DE SERGIO MANEJÍAS, Orlando Gómez-Gil
ELEMENTOS PARA UNA SEMIÓTICA DEL CUENTO HISPANOAMERICANO, Catharina V. de Vallejo
LA SIGNIFICACIÓN DEL GÉNERO: ESTUDIO SEMIÓTICO DE LAS NOVELAS Y ENSAYOS DE ERNESTO SABATO, Nicasio Urbina
LA AFRICANÍA EN EL CUENTO CUBANO Y PUERTORRIQUEÑO, María Carmen Zielina
APROXIMACIONES A LA LITERATURA HISPANOAMERICANA, Manuel Gómez-Reinoso
REINALDO ARENAS: RECUERDO Y PRESENCIA, Reinaldo Sánchez (Ed.)
TERESA Y LOS OTROS (Voces narrativas en la novelística de Hilda Perera), Wilma Detjens
LITERATURA DE DOS MUNDOS: ESPAÑA E HISPANOAMÉRICA, Ela R. Gómez-Quintero
LO AFRONEGROIDE EN EL CUENTO PUERTORRIQUEÑO, Rafael Falcón
AL CURIOSO LECTOR, Armando Álvarez Bravo
SEMBLANZA Y CIRCUNSTANCIAS DE MANUEL GONZÁLEZ PRADA, Catherine Rovira
THE YOUTH AND THE BEACH (A Comparative Study of Thomas Mann... and Reinaldo Arenas...), Michael G. Paulson
LA ALUCINACIÓN Y LOS RECURSOS LITERARIOS EN LA NOVELAS DE REINALDO ARENAS, Félix Lugo Nazario
STRUGGLE FOR BEING: AN INTERPRETATION OF THE POETRY OF ANA MARÍA FAGUNDO, Zelda I. Brooks
MARIANO BRULL Y LA POESÍA PURA EN CUBA, Ricardo Larraga
ACERCAMIENTO A LA LITERATURA AFROCUBANA, Armando González-Pérez
ESCRITO SOBRE SEVERO (Acerca de Severo Sarduy), Francisco Cabanillas
PENSADORES HISPANOAMERICANOS, Instituto Jacques Maritain de Cuba

MAR DE ESPUMA: MARTÍ Y LA LITERATURA INFANTIL, Eduardo Lolo
EL ARTE NARRATIVO DE HILDA PERERA (De Los cuentos de Apolo a La noche de Ina), Luis A. Jiménez & Ellen Lismore Leeder (Ed.)
INTERTEXTUALIDAD GENERATIVA EN EL BESO DE LA MUJER ARAÑA DE MANUEL PUIG, Rubén L. Gómez
LA VISIÓN DE LA MUJER EN LA OBRA DE ELENA GARRO, Marta A. Umanzor
LA AVELLANEDA: INTENSIDAD Y VANGUARDIA, Florinda Álzaga
POÉTICA DE ESCRITORAS HISPANOAMERICANAS AL ALBA DEL PRÓXIMO MILENIO, Lady Rojas-Trempe & Catharina Vallejo (Ed.)
PASIÓN DE LA ESCRITURA: HILDA PERERA, Rosario Hiriart
LA MUJER EN MARTÍ. EN SU PENSAMIENTO, OBRA Y VIDA, Onilda A. Jiménez
LAS MADRES DE LA PATRIA Y LAS BELLAS MENTIRAS: LA IMAGEN DE LA MUJER EN EL DISCURSO LITERARIO DE LA REPÚBLICA DOMINICANA, 1844-1899, Catharina Vallejo
EMILIA BERNAL: SU VIDA Y SU OBRA, Armando Betancourt de Hita. Edición de Emilio Bernal Labrada
JOSÉ MARÍA ARGUEDAS: MÁS ALLÁ DEL INDIGENISMO, Gladys M. Varona-Lacey
ÍNDICE BIBLIOGRÁFICO DE LA REVISTA DE LA HABANA (1930, Gustavo Gutiérrez, Director), Berta G. Montalvo
REINALDO ARENAS, AUNQUE ANOCHEZCA (TEXTOS Y DOCUMENTOS), Edición de Luis de la Paz
LITERATURA CUBANA DEL EXILIO, PEN Club de Escritores Cubanos en el Exilio
EL TEATRO CUBANO EN EL VÓRTICE DEL COMPROMISO (1959-1961), Matías Montes-Huidobro
LA LETRA REBELDE. ESTUDIOS DE ESCRITORAS CUBANAS, Madeline Cámara
NUEVOS ESTUDIOS SOBRE MARTÍ, Rosario Rexach
LA AVELLANEDA: DICCIONARIO DE PENSAMIENTOS Y VIVENCIAS, Florinda Álzaga
ESTUDIOS SOBRE LETRAS HISPÁNICAS, Elio Alba Buffill
LOS CUBANOS DE MIAMI. LENGUA Y SOCIEDAD, Humberto López Morales

LA FIGURA DE «DON JUAN» EN LOS EPISODIOS NACIONALES DE BENITO PÉREZ GALDÓS, Daria Montero

REBELDÍA, DENUNCIA Y JUSTICIA SOCIAL: VOCES ENÉRGICAS DE AUTORAS HISPANOAMERICANAS Y ESPAÑOLAS, Edición de Clementina R. Adams

LA NARRATIVA CUBANA ENTRE LA MEMORIA Y EL EXILIO, Matías Montes Huidobro

ESTRUCTURALISMO Y OTROS TEMAS, Pablo López-Capestany

JOSÉ ANTONIO RAMOS: ITINERARIO DEL DESEO. DIARIO DE AMOR, Yara González Montes y Matías Montes-Huidobro